跟著法官

學法律

父母、老師、學生必知的法律常識

王國棟 著

推薦序

隨著司法院研擬之人民觀審試行條例草案已送請立法院審議制定中，可預期不久的將來，人民會有機會相當程度參與法院的審判工作，在此新制實施前，相關主管機關自應盡力提升人民的法律素養，加強社會的法治教育。而欲克竟其功，法學教育必須向下扎根，在中小學就應加強青少年學生的法學教育，尤其青少年血氣方剛，在不懂法律規範的情形下，很容易作出觸犯法律行為。甚至於老師們一些教學措施，往往已經超過教學所必要，而造成對學生的傷害，基於保障青少年學生及老師們免於誤觸法網，當更應加強、充實青少年學生甚至於老師法律知識的教育。

臺灣高等法院王庭長國棟兄，係余於民國93、94年間任職臺灣臺中地方法院時之刑事第一庭、襄閱庭長，協助余處理法院內部行政事務，余深知其辦案認真，為人風趣幽默，與同事相處甚為融洽，其並利用公餘之暇，攻讀國立中正大學法律學研究所，取得碩士學位，今其將二十餘年來擔任法官所蒐集國內校園最常發生的案例，分成學生部分及老師部分，以淺顯易懂的文字撰寫成書，供青少年學生及老師們了解某些不良行為的法律效果。並且為幫助家長及老師們的教導，在每則案例法律分析之後，加入一些教養孩子的經驗談及其所體悟的人生哲理；又為增進讀者閱讀興趣，另加入其親身經歷或所聽過的一些開庭有趣對話，實值得青少年學生以及家長、老師們細細品味。王庭長有心為國內法治教育的提升貢獻心力，實令人敬佩，爰樂為之序。

蔡清遊

於司法院大法官辦公室

推薦序

新時代的校園中，各類脫序及犯罪事件叢生；論者或以社會風氣變化、或以報章傳媒渲染解釋之，殊不知在一個新而複雜的時代裡，唯有加強推廣法治教育，才能在萬變的環境中，為青少年建立正確的法治知識，從而培養正確的人格與守法觀念，方能作為他們一生規矩方圓的基石，不致行錯走偏。

國棟兄長期從事審判工作，對於許多學生或教職員，或因懵懂無知、好奇貪玩，或因一時衝動、未及深思，以致誤蹈法網、斷送美好前程，深感惋惜，因此從實際發生的社會事件取材，針對學生、老師較常發生的案件類型，以淺顯易懂的文字，分析解說相關法律知識，期望經由本書的介紹，以深入淺出的方式，讓學生、教職員能更清楚瞭解各類行為可能的法律後果，因而產生警惕。其用心良苦，令人感佩。

但，本書絕不只是一本校園法治教育的優良參考書籍，更可作為教養青少年時之導引借鑑。國棟兄多年法官經驗，人生閱歷豐富，並有為人父親的深厚體會，在說明案例相關之法律知識外，亦一併將教養小孩的心得及人生體悟與讀者分享，使本書更具啟發效果，值得與天下所有為人父母者分享。

特別值得一提的是，國棟兄在用心寫作之餘，同時也在大學認真教導法學理論及實務知識，平時更為宣揚法治教育而身體力行：例如臺中地區國中小教師之法律研習營、台中科技大學相關法治教育講座……等等活動，都可看到國棟兄不辭辛勞、默默投入的身影。國棟兄對台灣法學及法治教育深耕之貢獻，以及付出不求回報之赤忱，足稱是我國司法人員之典範。

林佳龍
立法委員
台灣智庫董事長

感佩國棟法官的護生之情

社會發展的多元化，常帶來更多的迷思及潛藏的風險；而懵懂又一知半解的青年學子，常因涉世未深而誤觸法網，甚至誤其一生！欣見好友國棟法官願將自身廿餘載的寶貴經驗化為精簡紮實的文牘，以淺顯風趣的文字讓年輕朋友能在輕鬆閱讀中吸取法律基本常識，不僅令人欽佩，更能填補現有教育資源之不足，實值得各界協助推廣！

教育是百年大計，青年更是國家的希望，在過去近三屆的市議員任期中，多所著墨在教育委員會，在遍看各種校園的潛在衝突及觸法個案後，更覺得多管道的預防與教育至為關鍵。而如何能不流於教條，避免未受教先排斥，以致適得其反，方法與素材的選擇上就必須更靈活，而這本《跟著法官學法律——父母、老師、學生必知的法律常識》，就創出了這樣的新意。

無獨有偶地，我的岳父王桓熙先生也長期致力學生法律知識的宣導工作，結合社會資源與警界的辦案經驗，經由演講、著作、座談等方式，深入各校園與學子面對面，其用心與國棟兄不謀而合，為的就是將一己之力無限擴大，而這樣的用心，不僅嘉惠莘莘學子，更是社會之福，國家之幸！

獲邀為新書立序實深感惶恐，相較於國棟兄的實務經驗與法學素養，尤其難能可貴的積極回饋社會、為下一代趨吉避凶的善念及熱誠，實為我學習的榜樣。願以此文見證此書關懷學子的用心，以及悲天憫人的胸懷！

戴錫欽
台北市議員

序

本人出生於新北市石碇區鄉下，曾就讀新北市平溪區菁桐國小、平溪國中，可以說童年都在偏僻鄉村度過，對於自己日後得以從事審判神聖志業，倍覺感恩，也引以為榮。

在從事多年審判，且已步入中年之後，無論在工作上、家庭教養上及人生體悟上，總有些許的心得，乃興起寫書紀錄下來的念頭，幾經思量後，就先從學校相關法律事件著手，因為學校校園是社會的縮影，攸關學生人格的培養及法治觀念的建立，至為重要，而校園成員的犯罪，經常發生，實有必要針對學生及教師提供正確法治教育的必要，乃擷取社會事件及整理學生、老師較常發生的案件類型，予以分析解說，希望經由本書的介紹，使校園內的成員能夠很清楚明白自己行為後之法律效果，而能引以為警惕，並藉由本書淺顯易懂的文字，能使讀者輕鬆認識有關校園的刑事法律內容。

又許多非行的青少年，多係出生於問題家庭，或父母疏於管教所致，本人乃經由閱覽過的各式書籍、文章或網路上所得的資料，及自己的親身經驗，將一些教養小孩的心得，及自己於中年後對於人生的體悟，一併提供給大家參考；另為增進本書的可閱讀性，特別就本人於法庭時親自經歷、聽過、看過的有關法律的笑話，稍作潤飾，以為調劑身心，分享讀者。

王國棟

目錄 CONTENTS

壹　校園常見的刑事法律案件
同學篇　001

校園常見的刑事法律案件
師長篇　129

壹

校園常見的刑事法律案件
同學篇

兩小無猜，偷嚐禁果篇

案例說明

國二男同學林大雄與女同學吳宜靜，因日久生情、兩情相悅，吳宜靜遂在林大雄主動邀約下發生性行為。不料，因未做好避孕措施，不慎懷孕，吳宜靜父母得知後，勃然大怒，憤而向警察報案，指控林大雄強姦其女兒。

法律分析

（一）按我國為保障個人性自主自由，如果以非法方法，於違反他人之意願下為性交之行為，即構成刑法第221條第1項所規定：「對於男女以強暴、脅迫、恐嚇、催眠術或其他違反其意願之方法而為性交，處3年以上10年以下有期徒刑。」之強制性交罪，也就是俗稱之強姦罪。國中男女同學林大雄與吳宜靜既為兩情相悅下發生性行為，林大雄自然不是以非法方法對吳宜靜性交，並不構成此強制性交罪。

（二）但我國為了保護青少年身心健康，且因青少年發育尚未完全，對於性行為的意義與可能的後果，未能嚴肅面對，也就是青少年對於性的同意自主能力，還是處於不夠健全的狀態，所以刑法第227條規定合意性交與合意猥褻罪，即：

「對於未滿14歲之男女為性交者，處3年以上10年以下有期徒刑（第1項）。對於未滿14歲之男女為猥褻之行為者，處6個月以上5年以下有期徒刑（第2項）。對於14歲以上未滿16歲之男女為性交者，處7年以下有期徒刑（第3項）。對於14歲以上未滿16歲之男女為猥褻之行為者，處3年以下有期徒刑（第4項）。第1項、第3項之未遂犯罰之（第5項）。」也就是說雖然得到同意，但只要與未滿16歲之人性交或猥褻，法律就處罰，相反地，若得到同意而與滿16歲之人性交或猥褻，刑法就不干涉，故在本案中，即須探究林大雄與吳宜靜之實際年齡究係若干而定。

（三）又刑法第227條合意性交與合意猥褻罪之被害人，並不限於女生，加害人也不一定都是男生，所以男生對女生、男生對男生、女生對女生、女生對男生，都是會構成此犯罪。也就是說，在本案，林大雄如果也未滿16歲，吳宜靜也會構成此罪。而由於合意性交與合意猥褻罪，很多是發生在年幼的同輩間，尤其在青春期出於性的好奇，於彼此熟識的同學或鄰居間，很有可能在日久生情，相戀下自願發生性行為，法律為了避免過於嚴苛，乃於刑法第227條之1明定：「18歲以下之人犯前條之罪者，減輕或免除其刑。」而且未滿18歲之人犯此罪，也是屬於告訴乃論（刑法第229條之1參照），也就是要被害人或其法定代理人（如家長）提出告訴，司法才會介入受理，且提出告訴後，於第一審辯論終結，亦得撤回告訴（刑事訴訟法第238條第1項參照）。

結語

在本案中，因林大雄並未違反吳宜靜之意願而為性交，自不構成強制性交罪。其次，要視林大雄與吳宜靜之實際年齡若干而定，林大雄與吳宜靜既為國二生，一般而言，尚未滿16歲之人，應會構成刑法第227條之合意性交罪，不過，因為林大雄與吳宜靜均未滿18歲，故屬於告訴乃論，也可以減輕或免除其刑。

教育孩子的話

青少年的孩子，對許多事都是懵懂無知的，尤其關於性知識方面，更是如此，為人父母者，要在適當的時候，吸取足夠的智慧教導孩子必要之性知識，要孩子為自己的行為負責，更要學會保護自己、尊重他人。要知道青少年的情慾成長，也是我們生命成長的部分，父母應該積極主動與孩子談論性事，輔導孩子朝向正常的性教育發展，多站在孩子的立場考量，避免使用教條式威權之訓誡，讓孩子經由思考，掌握正確的原則方向，不致於使性觀念偏差。

人生加油話

我們大家常常習慣於把工作當成生活的重心，以為工作就是一切，所以為了達到社會一般人的成功定義及世俗價值，不惜出賣自己的時間與健康，以致於忽略了身旁關心自己的親朋好友，並錯過了陪同孩子成長學習的時間。人生真的很無常、多變，所以要趕緊把握當下，把心中的感謝告訴愛你的人，並用行動關心家人，把每一天都當成人生的最後一天，要珍視它，這樣即使人生走到了盡頭，也能讓自己及身旁的人都沒有遺憾。

法律笑話

　　法官有一天審理一件車禍過失傷害案，由於被害人車禍當時受傷嚴重，所以一直都由他的兒子代表來法院出庭，法官因為關心被害人現在的傷勢，就問被害人的兒子：「『令尊』現在傷勢如何？」因為被害人的兒子僅國小畢業，所受教育不高，雖然不知道法官所說的「令尊」是什麼意思，但也推知到法官是在問其父親的傷勢，就順著法官的話大聲回稱：「『令尊』已經在上個月去世了。」（法官頓時臉上浮現三條線）

網路上張貼色情圖片篇

案例說明

男高中生王健一同學，利用中華電信股份有限公司所提供之寬頻網路上網，連結至某網際論壇網站，並在該網站登錄會員帳號，註冊成為該網站會員，在該網站留下電子郵件帳號並登入該網站之亞洲寫真貼圖區，張貼含有男女裸露生殖器官接合性交，或男女生殖器之特寫鏡頭等色情圖片，供連線上網之不特定人點選觀覽。嗣為警上網巡邏時，發現前揭色情圖片而循線查獲。

法律分析

（一）因科技不斷日新月異的發展，並隨著時代的進步，電腦網路已成為人類獲取訊息的重要管道，也是與人溝通、交換意見的媒介平台，所以使用電腦網路者，應可認識到其於網路上所為言論、行為，很容易被人所觀覽；也因為網路是一個公開的空間，任何人都可以自由進入，故王健一同學在網路上張貼前揭色情圖片，即藉著公開網址，使不特定人可以藉著網路連結之方式進入網站瀏覽甚明。

（二）針對此種在網路上張貼色情圖片供人觀覽之行為，應係觸犯刑法第235條第1項：「散布、播送或販賣猥褻之文字、

圖畫、聲音、影像或其他物品，或公然陳列，或以他法供人觀覽、聽聞者，處2年以下有期徒刑、拘役或科或併科3萬元以下罰金。」之規定。該條項所謂散布、播送、販賣、公然陳列猥褻之資訊或物品，或以他法供人觀覽、聽聞之行為，係指對含有暴力、性虐待或人獸性交等而無藝術性、醫學性或教育性價值之猥褻資訊或物品為傳布，或對其他客觀上足以刺激或滿足性慾，而令一般人感覺不堪呈現於眾或不能忍受而排拒之猥褻資訊或物品，未採取適當之安全隔絕措施而傳布，使一般人得以見聞之行為（司法院大法官會議解釋第617號解釋意旨參照）。換言之，大法官會議解釋將猥褻物品分為兩類，其中一類係「含有暴力、性虐待或人獸性交等而無藝術性、醫學性或教育性價值」之猥褻資訊或物品，另一類則為「客觀上足以刺激或滿足性慾，而令一般人感覺不堪呈現於眾或不能忍受而排拒」之猥褻資訊或物品，並進一步認定刑法第235條第1項之具體適用解釋為：傳布「含有暴力、性虐待或人獸性交等而無藝術性、醫學性或教育性價值」之猥褻資訊或物品即為刑法所欲處罰之行為；至於傳布其他猥褻資訊或物品是否具刑罰性，則須視行為人是否同時採取適當之安全隔絕措施（例如附加封套、警告標示或限於依法令特定之場所等）而定。

（三）本案男高中生王健一同學所張貼之圖片，雖非含有暴力、性虐待或人獸性交等而無藝術性、醫學性或教育性價值之猥褻資訊或物品，但既含有男女裸露生殖器官接合性交之畫面，或男女生殖器之特寫鏡頭，客觀上自足以刺激或滿

足性慾，而令一般人感覺不堪呈現於眾或不能忍受而排拒之意，又未採取適當之安全隔絕措施，仍該當於該條之罪。

結語

網路色情氾濫的情形日益嚴重，青少年接觸電腦資訊日趨頻繁，所以必須對於網路上之內容多加規範，否則，青少年可任意上網觀看色情照片，對於他們的身心發展，是極大的傷害。我國刑法第235條所規範之散布、播送、販賣、公然陳列或以他法供人觀覽猥褻物品罪，即係為保護未成年人的人格發展及社會善良風俗而設。本案男高中生王健一同學於網路上張貼前揭色情圖片的行為，明顯構成上開犯罪。

教育孩子的話

父母平常就要與孩子多說話，且儘量讓孩子訴說，使彼此的溝通無距離，並應為孩子規劃多樣的休閒活動，避免孩子沈迷於電腦網路，若發現孩子出現有上網成癮時，必須先傾聽關懷，了解其中原因，而不是一味地禁止，若仍無法有效解決時，則應尋求專業的諮詢協助，以避免孩子因不知後果嚴重而致誤蹈法網。

人生加油話

我們要讓自己身心放鬆，首先必須捨棄不需要的物慾追求，且要用寬廣無私的心來善待周遭的人、事、物，並懂得適時放下，才不會帶著無謂的負擔，也才能揹的更重、走得更遠。

法律笑話

　　法官問被告：「你住在哪裡？」被告答：「臺中市后里區。」法官再問：「從你家開車到法院要多久？」被告答：「要很久。」法官繼續問：「『起碼』要多久？」被告答：「『騎馬』要更久。」（被告你也太敏感了吧？不要以為你們家附近有后里馬場，就以為法官是在問你騎馬的事。）

案例 ③

照相手機偷拍女老師裙底篇

案例說明

某國中三年一班的數學女老師凌志琳長相清秀，教學認真，深獲同學喜愛。某日，該女老師穿短裙上課，男同學王志明趁著下課時，其他同學圍著老師詢問問題之際，以照相手機偷拍該女老師裙底風光，嗣經其他同學檢舉告發而查獲。

法律分析

（一）國中生正值生理發育時期，血氣方剛，容易衝動，常常無法考量後果嚴重性，而會做出對己、對人均不利的事情。在本案中，王志明同學以照相手機偷拍女老師凌志琳裙底風光，除了滿足自己好奇慾望外，可說是損人害己的行為，務必以此為戒。

（二）按我國刑法第315條之1，是因應科技產品被濫用而設，該條規定：「有下列行為之一者，處3年以下有期徒刑、拘役或30萬元以下罰金：一、無故利用工具或設備窺視、竊聽他人非公開之活動、言論、談話或身體隱私部位者（第1款）。二、無故以錄音、照相、錄影或電磁紀錄竊錄他人非公開之活動、言論、談話或身體隱私部位者（第2款）。」因目前社會使用照相、錄音、錄影、望遠鏡及各種電子、光學設備

者，已甚為普遍，若以之為工具，用以窺視、竊聽、竊錄他人隱私活動、言論、談話或身體隱私部位者，已危害社會善良風氣及個人隱私，實有處罰之必要，至於如果沒有透過工具之單純窺視或竊聽，則可依社會秩序維護法第83條第1款之規定：「有左列各款行為之一者，處新臺幣6千元以下罰鍰：一、故意窺視他人臥室、浴室、廁所、更衣室，足以妨害其隱私者。」以秩序罰處罰之。

（三）按裙底是人的極私密處，屬於身體之隱私部位，男同學王志明以照相手機偷拍女老師凌志琳的裙底，已明顯觸犯刑法第315條之1第2款之竊錄罪。又王志明男同學如果係以無竊錄功能之鏡片偷窺女老師凌志琳裙底，因鏡片仍係屬於工具，可以延展感官的能力，其所為也會構成刑法第315條之1第1款之無故利用工具窺視他人隱私部位罪。而依刑法第319條之規定：「第315條、第315條之1及第316條至第318條之2之罪，須告訴乃論。」亦即王志明男同學雖係觸犯刑法第315條之1之竊錄罪，但必須女老師凌志琳有提出告訴，法院才會介入，且提出告訴後，於第一審辯論終結前，亦得撤回告訴（刑事訴訟法第238條第1項參照）。

結語

　　身體私密屬於人格的一部分，應該受到保護，才可能實現自我。本案王志明男同學為求感官刺激，無故以照相手機偷錄女老師凌志琳裙底內之身體隱私部位，不僅侵害女老師凌志琳的隱私權，並使女老師凌志琳心理上蒙受創痛陰影，也使自己觸犯法網，可說是害人害己的蠢行。

教育孩子的話

青少年孩子難免對異性的身體構造感到好奇，也是正常的生理現象，不過，父母應該告訴孩子，要學會控制自己慾望與尊重他人身體自主，只要認為不對的事情，就不要去做，假使已經做了不該做的事情，也要鼓勵孩子要知錯能改，以後三思而後行，避免再犯下重覆的錯誤。

人生加油話

人活著不是一直在數算日子或是比誰活得久，而是要懂得如何過生活，讓自己活得豐富、有品味。所以人活著，就必須時時學習，充實新知識，而凡是對人、對事有自己一套的看法與態度，就是一種生活品味。

法律笑話

　　有一位外省腔很重的法官問吸毒案的被告：「你有沒有『答辯』（聽起來像是說大便）？」被告答：「有。」此後雙方都停頓不說話。法官就說：「被告你繼續說啊。」被告回稱：「我是要說我什麼時候大（便）嗎？我是今天早上有大了一次。」法官發覺被告誤會他的意思，就說：「我不是在跟你說這個，你在警察局的時候不是有小便嗎？（指警局會為吸毒的被告採尿送驗）」被告回稱：「可是我今天沒有小便啊！」（拜託，你們不要再雞同鴨講了）。

案例 **4**

夜市販賣盜版光碟篇

案例說明

某高職女同學廖淑芬在外打工，結識在夜市販賣盜版光碟之男子林國雄。林國雄見廖淑芬面貌清秀，心中盤算若能邀得廖淑芬至夜市販賣光碟，業績勢必強強滾，乃多次邀約廖淑芬，剛好廖淑芬缺錢花用，乃答應共同於某夜市販賣盜版之「螢火蟲之墓」、「怪醫黑傑克」、「魔法少年賈修」、「我們這一家」、「烏龍派出所」、「航海王」等影音光碟，嗣為警查獲。

法律分析

（一）按所謂盜版，並不是法律用語，其實就是侵害他人著作權的口語，所以說盜版光碟，就是未經著作權人授權製作的光碟。盜錄、盜版物之大量重製與散布，為破壞我國著作權市場秩序最嚴重之問題，不僅破壞知識經濟產業之發展，亦形成文化進步發展之障礙，應予以禁止。而為有效遏阻盜版光碟的散布，我國著作權法並將可罰性最高的侵害即「銷售盜版光碟」之罰責予以加重，亦即著作權法第91條之1規定：「擅自以移轉所有權之方法散布著作原件或其重製物而侵害他人之著作財產權者，處3年以下有期徒

刑、拘役，或科或併科新臺幣50萬元以下罰金（第1項）。
明知係侵害著作財產權之重製物而散布或意圖散布而公開
陳列或持有者，處3年以下有期徒刑，得併科新臺幣7萬元
以上75萬元以下罰金（第2項）。犯前項之罪，其重製物為
光碟者，處6月以上3年以下有期徒刑，得併科新臺幣20萬
元以上200萬元以下罰金。但違反第87條第4款規定輸入之
光碟，不在此限（第3項）。犯前2項之罪，經供出其物品
來源，因而破獲者，得減輕其刑（第4項）。」

（二）查「螢火蟲之墓」、「怪醫黑傑克」、「魔法少年賈
修」、「我們這一家」、「烏龍派出所」、「航海王」等
影音光碟，都受我國著作權法保護，廖淑芬及林國雄共同
販售上開盜版光碟之行為，係構成著作權法第91條之1第3
項前段之明知係侵害著作財產權之光碟重製物而散布罪。
而依著作權法100條但書之規定，廖淑芬與林國雄所犯上
開罪名，並非告訴乃論之罪，亦即，縱使事後與著作權人
和解，亦無法撤回告訴，可見後果是很嚴重的。

結語

　　現代人必須要有尊重他人智慧財產權的觀念，這樣才會鼓勵
人們多多將創作公諸於世，以增進人類文明及生活福祉。這些盜
版CD、VCD、DVD等光碟的人，運用現代科技工具，在短時間
內大量盜拷熱賣中的光碟片，讓辛苦費盡心血錄製完成的正版光
碟片的著作權人應該享有的著作財產權益在一夕之間付諸流水，
實不可取。本案廖淑芬女同學雖非盜拷者，但係參與販售盜版光
碟，其所為已構成著作權法第91條之1第3項前段之罪。

教育孩子的話

父母於平時就應灌輸孩子正確的賺錢、用錢觀念，靠自己努力獲得的報酬是最實在，也最讓人珍惜的，不勞而獲或輕易取得顯不相當的報酬，是無法讓人珍惜、滿足的。為人父母者，是孩子人生的第一個老師，要先懂得過簡單的生活，減少不必要的物質需求，並要學著理解孩子不同階段的成長發展，所以說，教育孩子不只是讀書、寫字而已，而是在陪伴中養育他們簡單、成熟、穩定的性格。

人生加油話

不要任意評斷人，要用積極、正面、肯定的心態去面對
每一個人，這是很難做到的，所以必須靠我們終生不斷
的修練，才能達成，所謂論人先將自己想，想想自己也
不願意被人隨意品頭論足一番，更應時時提醒自己切莫
批評論斷他人是非。

法律笑話

　　有一位少年，因其父母都長期在監獄服刑，所以被阿嬤一
手帶大，因該少年犯了多次竊盜案，被移送到某地院少年法庭審
理，法官當庭裁定少年保護管束，此時，不太懂國語的少年的阿
嬤不知道保護管束的意思，就用台語問法官：「啥米是保護管
束？」法官就用不太流利的台語向阿嬤解釋說：「就是要按時
（晚上）帶你孫來法院報到，就對啊！」阿嬤一聽，深深一鞠
躬，很感謝法官，就用台語說：「我日時要做工，晚上我才有
空，我會晚上帶孫來法院報到，你放心啦！」（原來因「按時」
與「晚上」的台語音太相近，才會導致阿嬤誤會）。

網路刊登援交訊息篇

案例說明

男高職生王志偉在其住處內，使用個人電腦連接網際網路，並連線至一般人都可瀏覽且未設限制之「UT網際空間」下之「北部人聊天室」內，張貼署名「微援」之訊息，嗣經警員於網上巡邏發現，以「志玲」之化名進入該聊天室。王志偉隨即以前開署名與之對談，在聊天室內互聊「ㄋ在找圓交妹ㄇ」、「元一次多少」、「包含做愛嗎」、「逸晚6千」、「ㄋ慧待保險套ㄇ」、「當然會內謝阿」、「在哪邊做愛」等語，並相約見面，而為警誘捕查獲。

法律分析

（一）因電子訊號、電腦網路近來已被不肖業者利用作為散布播送性交易之訊息，為因應社會上充斥過多的色情廣告，及保護青少年之身心健康，避免青少年因被誘惑而從事性交易，我國乃制定所謂的「網路援交罪」規範之，亦即兒童及少年性交易防制條例第29條：「以廣告物、出版品、廣播、電視、電子訊號、電腦網路或其他媒體，散布、播送或刊登足以引誘、媒介、暗示或其他促使人為性交易之訊息者，處5年以下有期徒刑，得併科新臺幣100萬元以下罰

金。」（該法條已修正為兒童及少年性剝削防制條例第40
條，請自行參照，下同）

（二）事實上，該網路援交罪並不是處罰性交易之行為，而是處
罰刊登性交易訊息的行為，所以只要刊登性交易的訊息，
使一般不特定的人（當然包含青少年）有看到的可能，縱
然沒有發生性交易之事實，仍會構成此罪。但有人說如此
有如「文字獄」一樣，因此有人以該罪有違背憲法言論自
由保障等理由聲請釋憲，嗣經大法官會議釋字第623號解釋
略謂：促使人為性交易之訊息，固為商業言論之一種，惟
係促使非法交易活動，因此立法者基於維護公益之必要，
自可對之為合理之限制。中華民國88年6月2日修正公布之
兒童及少年性交易防制條例第29條規定：「以廣告物、出
版品、廣播、電視、電子訊號、電腦網路或其他媒體，散
布、播送或刊登足以引誘、媒介、暗示或其他促使人為性
交易之訊息者，處5年以下有期徒刑，得併科新臺幣100萬
元以下罰金。」乃以科處刑罰之方式，限制人民傳布任何
以兒童少年性交易或促使其為性交易為內容之訊息，或向
兒童少年或不特定年齡之多數人，傳布足以促使一般人為
性交易之訊息。是行為人所傳布之訊息如非以兒童少年性
交易或促使其為性交易為內容，且已採取必要之隔絕措
施，使其訊息之接收人僅限於18歲以上之人者，即不屬該
條規定規範之範圍。上開規定乃為達成防制、消弭以兒童
少年為性交易對象事件之國家重大公益目的，所採取之合
理與必要手段，與憲法第23條規定之比例原則，尚無牴
觸。惟電子訊號、電腦網路與廣告物、出版品、廣播、電

視等其他媒體之資訊取得方式尚有不同，如衡酌科技之發展可嚴格區分其閱聽對象，應由主管機關建立分級管理制度，以符比例原則之要求。亦即該「網路援交罪」並無違憲問題。

（三）在本案中，另須探討者，即是關於警察誘捕問題，高職生王志偉可能會說：「我是被警察騙出來的，警察這樣做是不對的」。對此，有法院實務上見解可供判斷依據，即：刑事偵查技術上所謂之「釣魚」，係指對於原已犯罪或具有犯罪故意之人，以設計引誘之方式，迎合其要求，使其暴露犯罪事證，再加以逮捕或偵辦者而言。而所謂「陷害教唆」，則係指行為人原不具犯罪之故意，純因司法警察之設計教唆，始萌生犯意，進而實施犯罪構成要件之行為者而言。前者純屬偵查犯罪技巧之範疇，並未違反憲法對於基本人權之保障，且於公共利益之維護有其必要性，故依「釣魚」方式所蒐集之證據資料，原則上非無證據能力。而後者因係以引誘或教唆犯罪之不正當手段，使原無犯罪故意之人，因而萌生犯意實施犯罪行為，再進而蒐集其犯罪之證據加以逮捕偵辦；其手段顯然違反憲法對於基本人權之保障，且已逾越偵查犯罪之必要程度，對於公共利益之維護並無意義，因此所取得之證據資料，應不具有證據能力（最高法院96年度台上字第6434號判決要旨參照）。本案中，男高職生王志偉因自己已經先有刊登暗示性交易之訊息，再經警察騙出來逮捕，警察所為僅僅是上述所謂之「釣魚」的行為，不能認為是陷害教唆。

結語

　　「網路援交罪」曾在法院實務上引起不小的爭議，關鍵在於該罪所謂：「足以引誘、媒介、暗示或其他促使人為性交易之訊息」等文字，不甚明確，且往往在被移送法辦之案例中，類似「找元（圓、援）妹」、「援（圓、元）份」、「元（圓、援）起元（圓、援）滅」、「元（圓、援）交」等有爭議之文字充斥，有人故意選字錯誤或以注音簡略代替而引起聯想者，這都需要藉由實際案例整體觀之，所以在使用網路聊天、留言時，用字遣詞不可不謹慎，以免隨時遭致警察誘捕之風險。在本案中，高職生王志偉於一般人皆可瀏覽之「北部人聊天室」內署名「徵援」，並為上開對談內容，應已該當於上開「網路援交罪」之構成要件。

教育孩子的話

青少年孩子經由網路交友已是很普遍的社會現象，父母要時時提醒孩子注意網路交友安全，因為網路交友的陷阱、詐術都很多，所以要多多觀察，利用時間慢慢留意對方，不要輕易暴露自己的身分資料，一切以謹慎為要，學著保護自己，否則，稍一不慎，將會使自己掉入痛苦深淵，影響未來的生命歷程發展。

人生加油話

人生應該豁達、淡泊些，不要把自己看得太重，該放下時就該放下，否則，就會像是拖著沉重的行李，滿是負擔，就不可能自在、順心。

法律笑話

　　法官審理一件車禍過失傷害案件，法官問告訴人及被告：「你們兩邊有沒有私底下先談過和解啊？」告訴人就先氣呼呼的用台語回答：「法官哦，我先跟你講，伊（手指被告）真正有夠過分，代誌到這陣已經攏2、3個月了，伊都沒有來「侵門踏戶」一下（告訴人是看太多勾心鬥角、心腸狠毒劇情的台語霹靂火連續劇嗎？侵門踏戶不是這樣用的啦！）

案例 **6**

口出穢語公然侮辱篇

案例說明

國三生男同學陳建宏因上課睡覺，被女老師蔡嘉玲在教室內當面斥責，心有不甘，竟口出「醜八怪」、「臭妳娘○○」等使人難堪的話，女老師蔡嘉玲深覺受辱，憤而提告。

法律分析

（一）名譽是指具有人格者，在社會生活中所受的一切評價。人與人在社會活動中，其名譽關係在社會中之地位，與受人敬重之程度，直接影響個人行為信用之效力，故對於個人的名譽或社會聲望，法律自應予以保護，我國刑法乃設有妨害名譽罪章，可分為侮辱罪與誹謗罪。

（二）關於侮辱罪部分，刑法第309條規定：「公然侮辱人者，處拘役或3百元以下罰金（第1項）。以強暴犯前項之罪者，處1年以下有期徒刑、拘役或5百元以下罰金（第2項）。」侮辱是以抽象的言語、文字、圖畫或動作，使人難堪，足以貶損個人在社會之人格及地位而言，諸如：「豬八戒」、「賤人」、「垃圾」、「混蛋」、「幹○娘」、「幹○娘○○」、「婊子」、「恐龍妹」、「渾球」等語。又本罪必須公然為之，才能成罪，如果私下開罵，不

是公然的話（例如僅在兩人電話通話中辱罵），就不成罪。而所謂「公然」，係指足使不特定之人或多數人得以共見共聞之狀態而言。關於誹謗罪部分，刑法第310條規定：「意圖散布於眾，而指摘或傳述足以毀損他人名譽之事者，為誹謗罪，處1年以下有期徒刑、拘役或5百元以下罰金（第1項）。散布文字、圖畫犯前項之罪者，處2年以下有期徒刑、拘役或1千元以下罰金（第2項）。對於所誹謗之事，能證明其為真實者，不罰。但涉於私德而與公共利益無關者，不在此限（第3項）。」誹謗是以具體指摘或傳述足以毀損他人名譽之事而言。侮辱罪與誹謗罪之區別，在於侮辱並沒有所謂事實之真假，僅係出於抽象之謾罵或表示輕視他人之意，並未指出具體之事實。而誹謗則在指摘或傳述具體之事實，故有真假之分辨。例如：不實具體指出「某人在某時在某地竊取某人某物」、「已婚婦女在某飯店賣淫維生或與人通姦」、「某公務員於某酒店喝花酒接受性招待」等。而依刑法第314條之規定：「本章之罪，須告訴乃論。」亦即刑法第27章妨害名譽及信用罪章（含刑法第309條之公然侮辱罪、第310條之誹謗罪），須告訴乃論，陳建宏同學所為，必須女老師蔡嘉玲有提出告訴，法院才會介入，且提出告訴後，於第一審辯論終結前，亦得撤回告訴（刑事訴訟法第238條第1項參照）。

結語

名譽是人的第二生命，攸關個人在社會上所受之客觀評價，

若有人名譽遭到侵害，也就等於生命遭到侵害，由此可見一個人的名譽是何等重要，所以我國現行的民法與刑法都有對損害名譽的保障和處罰。本案中，男同學陳建宏在教室內當面辱罵女老師蔡嘉玲「醜八怪」、「臭妳娘○○」，顯係以抽象的言語，使女老師蔡嘉玲感到難堪，足以貶損女老師蔡嘉玲在社會之人格及地位，已構成公然侮辱罪甚明。

教育孩子的話

好的家教，絕對是來自於父母好的身教及言教，絕對不是憑空得來的。孩子顯現於外在行為的表現，大都觀察自父母的言行，所以為人父母者，要時時檢討、反省自己，注意自己平日的言行，做好孩子的榜樣，而不是一味的指責孩子為何出口成髒及偏差的舉止。

我們如何對待周圍的人，周圍的人也會怎樣對待我們。所以如果要別人笑，就必須自己先展露笑臉。你如果把最好的東西給別人，就會從別人那裡獲得最好的。你幫助別人愈多，你得到的也就會愈多；你如果愈是吝嗇，得到的就愈來愈少，終致一無所有。

法律笑話

　　民事庭的法官以不太流利的台語，詢問要請求離婚的原告某老太太：「妳有要依民法第1052條第1項第7款「不治之惡疾」請求離婚嗎？」老太太用台語回答：「喔，伊（指被告）惡質喔（台語），真正是惡質」。法官：……（真正是有溝沒有通）

案例 7

欺負弱小恐嚇霸凌篇

案例說明

男高職生王俊傑因父母疏於管教，在校屢次行為不檢，喜歡欺負弱小，已是學校的頭痛人物。王俊傑同學因缺零用錢，某日在廁所內竟對身材瘦小的男同學吳宗憲恫嚇：「你最好每星期給我1,000元，否則，我會讓你好看。」男同學吳宗憲聽後非常害怕，只好默默依此給付，但終被父母發現有異，循線查知而向校方反應查獲。

法律分析

（一）根據兒童福利聯盟文教基金會（下稱兒盟）2011年公布「台灣校園霸凌現象調查報告」，顯示近年來，日益嚴重的中學校園霸凌案例驚動了整個教育體系與社會。大家都在思考與檢討台灣校園到底出了什麼問題？我們可以做些什麼來預防這些嚴重的校園霸凌事件發生？根據兒盟長期對校園霸凌議題的觀察，其影響甚至可能持續到24歲為止。有60%的霸凌者至少有一次犯罪紀錄，有40%的人有高達3次或3次以上的犯罪紀錄。此外，澳洲的學者研究亦證實：被霸凌與發展自殺念頭具有關聯性，在挪威、日本、美國等各國，都陸續傳出長期受凌學童自殺事件。「霸凌」（bully）指的是孩子們

之間，權力不平等的欺凌與壓迫，是一個長期存在校園的現象，專指孩子之間進行惡意欺負的情形。歷年兒盟的全國抽樣調查發現，國小4、5、6年級學童，最近兩個月在學校經常甚至每天被同學欺負的比例，從96年的9.9％，至99年已經上升到16.1％，速度驚人。教育部特別頒布「教育部改善校園治安—倡導友善校園，啟動校園掃黑實施計畫」及「教育部補助推動反霸凌安全學校要點」。為推動以「防制校園暴力霸凌」為中心議題之安全學校，整合學校行政、教學、空間環境、心理輔導、健康服務與社區合作等策略，期能完善校園暴力霸凌之發現、處理及追蹤輔導流程，達成營造友善校園之目的。

（二）何謂霸凌：根據研究霸凌的挪威學者Dan Olweus（1993/9）的定義，係指一個學生長時間、重複地被暴露在一個或多個學生的負面行動中，並進行欺負、騷擾，或被鎖定成為出氣筒的情形。而霸凌行為的種類約略有：1.關係霸凌：散播不實謠言、排擠某人。2.言語霸凌：恐嚇、言語傷害、取綽號嘲笑。3.肢體霸凌：踢打、搶奪財物。4.性霸凌：以身體、性別、性取向、性特徵加以嘲笑，或以性的方式侵犯身體等。

（三）按刑法第346條規定：「意圖為自己或第三人不法之所有，以恐嚇使人將本人或第三人之物交付者，處6月以上5年以下有期徒刑，得併科1千元以下罰金（第1項）。以前項方法得財產上不法之利益，或使第三人得之者，亦同（第2項）。前2項之未遂犯罰之（第3項）。」此即恐嚇取財、恐嚇得利及恐嚇取財、恐嚇得利未遂罪。所謂恐嚇，係以將加惡害之事實，通知被害人，使其生畏懼之心而言，恐嚇的主要意義

在於心理威嚇，尚未動用武力，僅為將來一切惡害之通知，包括對生命、身體、自由、財產、名譽等之加害。

結語

校園霸凌事件頻傳，影響校園安寧甚鉅，在面對學校霸凌事件發生時，學校、老師、家長等均須以嚴肅態度面對，非可等閒視之，且須以充分保護學生利益為最高指導原則，以避免受霸凌對象再次受到傷害。在本案中，男同學王俊傑平日在校言行，已令人難以苟同，現又對身材瘦小之男同學吳宗憲恫嚇，顯係以對男同學吳宗憲之身體將加惡害之意思，用言語施以恐嚇，並致使男同學吳宗憲因此心生畏懼而交付財物至明，故男同學王俊傑之行為，已構成恐嚇取財罪。

教育孩子的話

父母在面對孩子遭霸凌時，當然會很氣憤，也很不捨，但必須先冷靜下來，仔細聆聽孩子對霸凌事件的陳述，以足夠的智慧來面對霸凌事件，思考如何幫助孩子調整與改善，教導孩子霸凌是不對的，要如何保護自己、如何向人求助等等，要知道孩子需要的不只是父母的保護而已，而是父母持續的關心、陪伴及面對，才不致讓霸凌事件再次發生。

人生加油話

所謂真正的大師，是協助更多人成為大師的人，這種人往往具備謙卑、仁慈、友善、分享等特質。其中樂於分享是一種了不起的心胸，也是一種誠心誠意真正發自內心的行動。分享的快樂，確實遠勝過獨自的擁有，人要多學習樂於分享。

法律笑話

民事庭法官問原告某老先生：「你要告被告什麼事情？」老先生就用台語回答：「你（指法官）會做官就會察理，你看怎樣處理，你處理就好。」法官不得不用生澀的台語再問：「沒啦，你到底是要主張什麼，就是訴之聲明是什麼？」老先生就繼續用台語回答：「我就是要告他（指被告）給恁爸借錢，你就判我贏就好啦！」（關於民事訴訟的開庭，一開始，法官都會問原告：訴之聲明及請求權基礎，也就是根據什麼法條來告被告，所以原告如果沒有律師協助的話，法官有時真的很難跟原告溝通。）

展示保險套性騷擾篇

案例說明

男高中生陳家豪常常在課堂上睡覺，下課後卻精神百倍，並與同學瞎鬧；且因個性大膽，常被同學推派做些大家不敢做的事情。班上女同學林雅雯長相清秀，乖巧可愛，男同學們均甚為喜愛。某日男同學們起鬨要陳家豪於下課後，故意將保險套放在女同學林雅雯的桌上，要看看女同學林雅雯的反應。結果，女同學林雅雯見狀後極不舒服而嚎啕大哭，情緒久久無法平復，嗣為其父母得知，乃前往學校了解原委後提告。

法律分析

（一）我國為防治性騷擾及保護被害人之權益，特制定性騷擾防治法。本法所稱性騷擾，係指性侵害犯罪以外，對他人實施違反其意願而與性或性別有關之行為，且有下列情形之一者：1.以該他人順服或拒絕該行為，作為其獲得、喪失或減損與工作、教育、訓練、服務、計畫、活動有關權益之條件。2.以展示或播送文字、圖畫、聲音、影像或其他物品之方式，或以歧視、侮辱之言行，或以他法，而有損害他人人格尊嚴，或造成使人心生畏怖、感受敵意或冒犯之情境，或不當影響其工作、教育、訓練、服務、計畫、

活動或正常生活之進行（性騷擾防治法第2條參照）。而關於性騷擾成為刑事犯罪者，其構成要件及處罰，僅於該法第25條規定：「意圖性騷擾，乘人不及抗拒而為親吻、擁抱或觸摸其臀部、胸部或其他身體隱私處之行為者，處2年以下有期徒刑、拘役或科或併科新臺幣10萬元以下罰金（第1項）。前項之罪，須告訴乃論（第2項）。」亦即性騷擾的意義雖甚為廣泛，但會構成犯罪者，則僅限於該法第25條之情形，合先敘明。

（二）是依性騷擾防治法第25條之規定觀之，一定要碰觸到對方身體的行為（如親吻、擁抱、觸摸臀部、胸部或其他身體隱私處等）才會被法院定罪。沒有碰觸到對方身體者，就不可能被法院定罪的。也就是檢察官要以性騷擾防治法起訴，一定要碰觸對方的身體。只要沒觸碰對方身體的其他騷擾行為，就不會構成上開罪名。目前性騷擾防治法並未規定精神騷擾或言語騷擾是有罪的，只要不觸碰對方的身體，無論如何對待他人，如何追求，如何說話，如何告白，均不會構成性騷擾刑事犯罪。

（三）從性騷擾防治法第2條的規定來看，性騷擾行為的構成與否，是以其有無違反被害人之意願為主觀要件，且此主觀要件應由被害人之立場，而非由加害人之認知來認定；在客觀要件上，如該行為已冒犯或侵擾被害人個人的人格尊嚴、生活活動或正常工作表現時，即會構成性騷擾。此外，性騷擾防治法施行細則第2條也加以規定，認為性騷擾之認定，應就個案審酌事件發生之背景、環境、當事人之關係、行為人之言詞、行為及相對人之認知等具體事實為之。又性騷擾事件被害人除可依相關法律請求協助外，並

得於事件發生後1年內，向加害人所屬機關、部隊、學校、機構、僱用人或直轄市、縣（市）主管機關提出申訴（性騷擾防治法第13條第1項參照）。對他人為性騷擾者，負損害賠償責任。前項情形，雖非財產上之損害，亦得請求賠償相當之金額，其名譽被侵害者，並得請求回復名譽之適當處分（性騷擾防治法第9條參照）。另對他人為性騷擾者，由直轄市、縣（市）主管機關處新臺幣1萬元以上10萬元以下罰鍰（性騷擾防治法第20條參照）。依上述規定觀之，性騷擾者縱未構成刑事犯罪之情形，仍負有民事賠償及行政罰鍰責任甚明。

結語

　　性騷擾事件存在於各行各業之中，校園當然亦不例外，如何避免被誤認為是性騷擾及在面對性騷擾時，如何應對，均是一大學問，但無論如何，如果凡事能以尊重他人的心態為之，避免冒犯他人，當可避免性騷擾事件之發生。而因保險套一般是供性交時戴用，其目的主要是防止性病或避免懷孕之用，故在本案中，男同學陳家豪故意將保險套置放於女同學林雅雯桌上，致女同學林雅雯因此甚為不悅而嚎啕大哭，男同學陳家豪所為，顯已違反女同學林雅雯意願而為與性有關之行為，且係以展示保險套之方式，造成女同學林雅雯感受被冒犯之情境，不當影響其教育及正常生活之進行，已構成性騷擾無誤，男同學陳家豪應負民事及行政責任，但因男同學陳家豪並未觸碰女同學林雅雯之身體，並未構成性騷擾刑事犯罪。

教育孩子的話

父母要慎重告訴孩子，性騷擾他人是錯誤的，也是非常不尊重自己、別人的行為，必會受到社會唾棄的；而一旦遭到性騷擾，則須沈著冷靜，陪伴孩子面對，但所謂事前的預防重於事後的治療，所以平時就要多與孩子演練一些性騷擾可能發生的狀況，這樣才能使孩子不慎面臨性騷擾時，能懂得如何應對，不致於進退失據、舉足無措。

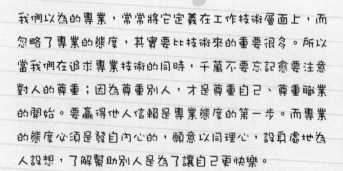

人生加油話

我們以為的專業，常常將它定義在工作技術層面上，而忽略了專業的態度，其實要比技術來的重要很多。所以當我們在追求專業技術的同時，千萬不要忘記愈要注意對人的尊重；因為尊重別人，才是尊重自己、尊重職業的開始。要贏得他人信賴是專業態度的第一步。而專業的態度必須是發自內心的，願意以同理心，設身處地為人設想，了解幫助別人是為了讓自己更快樂。

法律笑話

　　小學開學後，要上小學1年級綽號「小丸子」的小女生不肯上學，當法官的媽媽一直跟她解釋我國法律（即國民教育法第2條）規定年滿6歲就要上學，一直要到15歲都要強制入學（即9年國民義務教育，民國103年實施12年國教），不可以不上學。「小丸子」雖然還是不了解意思，但最後只好不得不含著淚水對著媽媽說：「媽媽，等我15歲時，妳還會記得來接我嗎？」（小孩的思想，真是天真單純啊！）

不告而取偷走小摺篇

案例說明

高中男同學王宗翰因住家離學校甚遠，且因家境不佳，無力購買腳踏車供己代步之用。某日，途經校園籃球場邊，見有一新穎流行之小摺（即腳踏車）停放於此，趁四下無人之際，迅速騎走，使用3日後經失主報警循線查獲。

法律分析

（一）近年來自行車環島旅行，蔚為風行，連帶使各式自行車熱賣，各項功能齊全、配備精良的自行車愈來愈多，高價自行車已甚常見，其價值甚至高於機車及一般自小客車，自然容易成為宵小之徒鎖定行竊的目標。在本案中，男同學王宗翰為供己代步之用，而竊取他人置放於校園籃球場邊之腳踏車，顯具有為自己不法所有之意圖甚明。

（二）按刑法第320條規定：「意圖為自己或第三人不法之所有，而竊取他人之動產者，為竊盜罪，處5年以下有期徒刑、拘役或5百元以下罰金（第1項）。意圖為自己或第三人不法之利益，而竊佔他人之不動產者，依前項之規定處斷（第2項）。前2項之未遂犯罰之（第3項）。」是竊盜罪之構成要件有二：1.為主觀上意圖為自己或第三人不法之所有；2.為

客觀上竊取他人之動產。所謂竊取，乃不告而取，即排除他人持有，建立自己持有，而持有是指有支配之意而對於物之事實上管領狀態而言。故如果只是圖暫時使用而拿取，因欠缺不法所有之意圖，並不成立竊盜罪。

結語

竊盜罪是財產犯罪中最常見的類型，其基本犯罪構成要件，分為主觀與客觀兩部分。主觀方面，必須要有不法所有之意圖，也就是意圖以所有權人自居，客觀方面，係對於他人持有之物予以竊取，亦即排除他人之持有，建立自己事實上管領狀態。在本案中，男同學王宗翰因無力購買腳踏車供己代步之用，而竊取他人置放於校園籃球場邊之腳踏車，使用3日後始為警查獲，不僅具有為自己不法所有之意圖，且已排除他人之持有，建立自己事實上持有狀態，自當構成竊盜罪。

教育孩子的話

父母要經常告訴孩子，不是自己的物品，不得強求，要加強孩子的自我觀念、自我控制能力，以同理心來推己及人，自己不願他人對自己做的事，千萬別做；而一旦發現孩子有偷竊的行為時，則要詳細了解其原因、動機，更要有耐心的從旁導正其偏差的行為，以避免日後再犯。

人生加油話

　一個成熟的人要檢討、改變自己來面對各式各樣的問題，如果有改變，就會發現將來遇到的困難、難題會愈來愈少，處理事情來也就愈來愈得心應手。而你若不想改，就愈會找一些理由、藉口，終究於事無補、無濟於事。

法律笑話

　　有一位檢察官叫沙仁，有一天，他因案件需要，急著電話聯絡某警分局要找分局長，該分局是由某警員接聽，他們的對話如下：

　　沙仁檢察官急促的聲稱：「我是沙仁，我要找分局長。」

　　某警員說：「你殺人，殺什麼人？在哪裡？」

　　沙仁檢察官發覺該警員誤會其意思，乃再稱：「不是，我是沙檢察官啦。」

　　某警員再說：「什麼，你殺檢察官，代誌大條啊，還不趕快來自首。」

案例 **10**

持有蝴蝶刀炫耀把玩篇

案例說明

國三男同學王家榮，某日於夜市閒逛，見有某攤位販售一把刀甚為美觀、漂亮，乃以自己零用錢購買。且為供同學觀看，即將該把刀置於書包內帶入校園，於下課時間，拿出來炫耀把玩，而為訓導主任查覺，始知該把刀係蝴蝶刀。

法律分析

（一）一般而言，刀械係質地堅硬，甚為鋒利，客觀上是足以供殺傷人之生命、身體之危險物，為維護社會秩序、保障人民生命、財產安全，我國特制定槍砲彈藥刀械管制條例以為管制刀械之依據。

（二）槍砲彈藥刀械管制條例第4條第1項第3款規定：「本條例所稱刀械：指武士刀、手杖刀、鴛鴦刀、手指虎、鋼（鐵）鞭、扁鑽、匕首及其他經中央主管機關公告查禁，非供正當使用具有殺傷力之刀械。」是槍砲彈藥刀械管制條例所規範之刀械，除武士刀、手杖刀、鴛鴦刀、手指虎、鋼（鐵）鞭、扁鑽、匕首外，尚有其他經中央主管機關公告查禁，非供正當使用具有殺傷力之刀械。而市面上可見的蝴蝶刀、鋼筆刀、蛇刀、藍波刀、十字弓等5種刀械，曾

經內政部於81年8月10日以（81）台內警字第8182281號公告查禁，不得製造、販賣、運輸、持有或陳列。但上開公告嗣經內政部於90年11月20日以（90）台內警字第9081482號公告各類型鏢刀、非農用掃刀、鋼筆刀、蛇刀、十字弓為查禁刀械之際同時廢止，致蝴蝶刀、藍波刀均不再為內政部公告查禁之刀械。故男同學王家榮無故攜帶蝴蝶刀至學校，並不構成槍砲彈藥刀械管制條例第15條之攜帶刀械罪。

結語

　　刀械的發明，固能帶來人類的便利，但也常常被人拿來作為犯罪之兇器，並擴大事件的傷害，故有槍砲彈藥刀械管制條例以為管制刀械之依據，但必須符合該條例定義之刀械，始會構成犯罪。本案中，男同學王家榮持有之蝴蝶刀，因非該條例管制之刀械，故不構成該犯罪，但會構成少年事件處理法第3條第2款第5目所指少年有觸犯刑罰法律之虞之行為，或社會秩序維護法第63條第1項第1款之妨害安寧秩序之行為（可處3日以下拘留或新臺幣3萬元以下罰鍰），不可不注意。

教育孩子的話

　　父母要經常告訴孩子，只要自己覺得不妥當的事，就不要去做，一旦養成這樣思考的習慣，就不容易出差錯。而炫耀是一種非常不好的行為表現，父母不要有炫耀的舉止，孩子才能在潛移默化中養成謙卑，並在平凡中健康的成長，而如果要分享喜悅，也應該要適可而止，避免有向人炫耀的感覺。

人生加油話

人如果想要快樂的生活，就必須時時關注生活的本身，
而不是著眼於時間；儘量把生活活得自在些、從容些。
人生真的很快就會過去，要及時把握當下，要體會是生
命在移動，而不是時間在移動。

法律笑話

　　法官開庭苦口婆心、循循善誘的勸導犯罪的被告要向善，
並告訴被告人生真的很短暫，要做點有意義的事，就要被告想像
自己如果只有一天可活，到底要過怎樣的人生，難道要繼續犯罪
嗎？被告此時欲言又止，法官就問被告：「你說，沒關係，如果
你只剩下一天可活，你最想做什麼事情啊？」被告就說：「我一
定要來聽法官為我開示。」法官一聽非常感動，覺得自己的善意
勸導，被告終於有所領悟，竟然願意把生命最後寶貴的時間和法
官一起度過，乃深受感動問被告：「為什麼呢？」被告回說：
「我實在是捨不得那麼早離開人世，我想來聽法官開示，是因為
法官開庭為我說教，讓我有度日如年的感覺啊！」（蛤！這是什
麼情形啊！）

案例 ⑪

撲克牌當場賭博篇

案例說明

男高中生王俊男、陳建良、李明賢、董志強感情超好,下課後常聚在一起玩樂。某日,王俊男同學帶撲克牌到校,並提議於下課放學後在司令臺後方空地玩賭「大老二」,約定每玩賭一次,勝者可得新臺幣150元,即敗者每人出新臺幣50元給勝者,不久即當場為訓育組長發現查獲。

法律分析

(一)賭博行為,原是處分自己財物的行為,本來不是罪惡,而且賭博出於天性,自古即已存在,是否有必要全面禁絕,非無討論餘地,故有主張賭博應予非犯罪化。但賭博,畢竟係以偶然不確定的事實,決定財物之輸贏,容易產生僥倖不勞而獲的心理,使人沉迷其中,減少正常之勤勞意願,養成怠惰浪費之習性,並引發各種如竊盜、強盜、詐欺、殺人等犯罪行為,危害社會之安寧秩序。故我國為維護公共的秩序與善良的風俗,對賭博行為,仍規定予以處罰。

(二)我國刑法第266條規定:「在公共場所或公眾得出入之場所賭博財物者,處1千元以下罰金。但以供人暫時娛樂之物

為賭者，不在此限（第1項）。當場賭博之器具與在賭檯或兌換籌碼處之財物，不問屬於犯人與否，沒收之（第2項）。」依上開規定，必須在公共場所（如街道、公園、車站等等）或公眾得出入之場所（如百貨公司、戲院、餐廳等等）為賭博行為，始構成賭博罪。若在私人住宅賭博，縱令賭博之人及賭具為戶外所易見，或其賭聲為戶外所易聞，亦不構成該條之賭博罪（司法院25年院字第1403號、26年院字第1637號解釋參照），但若係於非公共場所或非公眾得出入之職業賭博場所，賭博財物者，則違反社會秩序維護法第84條之規定，可處新臺幣9千元以下罰鍰。又若係以供人暫時娛樂之物為賭者，如食物、香菸等具有消費即時性及價值輕微性之物，縱在公共場所或公眾得出入之場所賭博財物，亦不構成該罪。在本案中，學校司令臺後方空地，應屬於公眾得出入之場所，且輸贏係金錢，故高中生男同學王俊男、陳建良、李明賢、董志強均會構成刑法第266條第1項前段之賭博罪。

結語

賭博出於天性，自古即存在，且係處分自己財物之行為，故有主張賭博非犯罪化，惟為維護社會的公共秩序與善良風俗，目前在公共場所或公眾得出入之場所賭博之行為，除非係以供人暫時娛樂之物為賭者外，刑法仍予以處罰。在本案中，王俊男、陳建良、李明賢、董志強男同學在屬於公眾得出入之學校司令臺後方空地玩賭「大老二」，並以金錢為輸贏，自係構成刑法第266條第1項前段之賭博罪。

教育孩子的話

賭博容易引起僥倖不勞而獲的心理，且會讓人深陷其中。而青少年是人生的黃金時期，也最容易受到誘惑，一旦沉迷賭博，不僅會荒廢學業，且會滋生怠惰浪費的習性，對自己的前途、家人、朋友及社會均會造成不利的後果。所以為人父母者，首須禁絕賭博，父母如果要教養、管理孩子，必須先教養、管理好自己。父母如能善於管理自己，孩子也會模仿我們，那麼教養、約束孩子就會變得很容易了。

人生加油話

人往往都喜歡出名，要有好的名聲，這叫做名聲障礙。如果沒有足夠智慧放下虛名、假名，人生就不得順心、自在。所謂：名本虛空，不值重視。但有多少人能夠做得到？而人之心胸，如果有過多的慾望就會變得狹窄，如果有較小的慾望就會變得寬廣，如果沒有了慾望就會很平靜，平靜了之後，心中就會很篤定。

法律笑話

　　有一位專門替人偽造證件的慣犯，再度因偽造文書被起訴，其因有請求法律扶助獲准，法律扶助基金會乃指派某律師到庭為其辯護，該慣犯開庭時，一看到該律師，馬上嚇一大跳，並求法官今天不要審理，下次再開庭，法官就問為什麼？該慣犯欲言又止，最後只好不得不說出實情，就說：「這位律師的證件是我幫他偽造的。」（還好法官的證件不是他偽造的。）

案例 **12**

砸毀教室物品篇

案例說明

男高中生李建成平日桀驁不馴，甚難管教。某日，因遭導師責罵，心有不甘，為圖洩憤，竟趁放學後，徒手砸毀課桌椅、門窗以及同學的物品，嗣後被導師返回教室發覺。

法律分析

（一）在校園裡，發生學生砸毀、破壞學校、教室的器材設備事件，時有所聞，這種行為已經嚴重破壞了校園、教室的秩序，更可能對校園、教室內成員的人身安全造成危害。毀損是指毀棄、損壞；所謂毀棄，指銷毀拋棄，使財物的效用全部喪失；所謂損壞，指損傷破壞，使財物效用全部或一部喪失之意。故毀損即是在破壞財物本身的效用與價值而言，為侵害財產法益的犯罪。

（二）我國刑法第352條規定：「毀棄、損壞他人文書或致令不堪用，足以生損害於公眾或他人者，處3年以下有期徒刑、拘役或1萬元以下罰金。」（即毀損文書罪）。刑法第353條規定：「毀壞他人建築物、礦坑、船艦或致令不堪用者，處6月以上5年以下有期徒刑（第1項）。因而致人於死者，處無期徒刑或7年以上有期徒刑，致重傷者，處3年以上

10年以下有期徒刑（第2項）。第1項之未遂犯罰之（第3項）。」（即毀壞建築物、礦坑、船艦罪）。刑法第354條規定：「毀棄、損壞前2條以外之他人之物或致令不堪用，足以生損害於公眾或他人者，處2年以下有期徒刑、拘役或5百元以下罰金。」（即毀損器物罪）。毀損文書罪所稱文書，是指有法律交往的證據價值，有權利義務內涵的意思表示，並記載於有體物上，例如：借據、契約、支票等等。而一般私人信件、名片、日記本、水帳或論文，均無法律交往的證據價值，如果毀損，只成立毀損器物罪（參見林東茂，刑法綜覽，一品文化出版社出版，民國96年9月發行修訂5版，第2-230頁）。又刑法第353條毀損他人建築物致令不堪用罪，必須毀壞建築物之重要部分，足致該建築物之全部或一部失其效用，始能成立，若僅毀損其附屬之門窗等物，而該建築物尚可照舊居住使用者，祇能依同法第354條毀損他人之物論處（最高法院30年上字第463號判例要旨參照）。在本案中，男同學李建成砸毀教室課桌椅、門窗之行為，很明顯並未毀損學校建築物的重要部分，而毀損同學物品部分，除非該物品有法律交往的證據價值，否則，亦均僅成立較輕刑度之刑法第354條之毀損器物罪。

結語

青少年有時情緒衝動，不知理性面對問題，動輒以暴力發洩不滿，殊不知如此，不但達不到效果，還惹禍上身，必須承擔民、刑事責任，還會受校規懲處。千萬不要一時的衝動，而鑄下

錯誤。本案中，高中生李建成所毀損者，應非刑法第352條、第353條所指之文書、建築物等物品，故僅構成刑法第354條之毀損器物罪，復依刑法357條之規定，該罪係屬告訴乃論，必須有告訴權人提出告訴，法院才會介入，且提出告訴後，於第一審辯論終結，亦得撤回告訴（刑事訴訟法第238條第1項參照）。

教育孩子的話

家庭是孩子接受教育的第一場所，父母是孩子人生的第一任老師。青少年暴力問題往往與家庭暴力有很大的關連，所以父母要努力建構和睦的家庭環境，並與孩子建立良好親子關係，一旦發覺孩子有暴力傾向，應及早處理，適時給予糾正，和疏導其情緒。千萬別小看孩子的暴力，若不予理會的話，日後可能會演變成更暴力的事件。

人生加油話

凡是有名利的地方，能退後一步，則較安穩，不要將名利掛放心頭。所謂功名之事，需要各種客觀條件成就，不是自己可以掌握的。功名倘若得到，不要太過歡喜；縱然失去，也不要憂煩，人生才能自在逍遙。

法律笑話

　　有一個大學生騎車不慎撞到路人成傷，經檢察官以過失傷害罪起訴，法官開庭審理時，詢問被告：「現在從事何業？學歷？」被告答：「我還是學生，在義守大學（音近「一所大學」）就讀。」法官再問：「哪一所大學？」被告不耐煩的答：「就義守大學咩！」

施用搖頭丸、K他命篇

案例說明

高職生張立偉、李文傑、王俊男三位男同學平日相處融洽，經常結伴出遊。某日因張立偉生日，李文傑、王俊男為其慶祝生日，乃提議舉行私人派對，廣邀校外友人前來參加。派對進行期間有人為助興，拿出搖頭丸、K他命供與會者施用，張立偉、李文傑、王俊男亦因酒酣耳熱，且為展現男子氣概，二話不說隨著啤酒即一飲而下，正當大家情緒正High之際，為警查獲。

法律分析

（一）近年來國內各種毒品氾濫的情形相當嚴重與迅速，且從歐美毒品氾濫國家的經驗來看，青少年有可能是使用毒品主流，尤其在破碎或低收入家庭中無法得到溫暖的青少年，往往伴隨著抽煙、喝酒、吸毒等方式，一步步的墮落、沉淪。在青少年同伴互相影響下，大家吸毒，你若不吸毒就無法進入社交圈，而在一些私人家庭派對、音樂祭、海洋祭、生日狂歡等活動場合，毒品總會被拿來作為助興的工具。且由於毒品具有成癮性，一旦吸食之後，很可能會上癮，必須不斷的吸食，需求量也就愈來愈大，若沒有錢可以購買毒品，自然容易發生竊盜、搶奪、強盜等犯罪事

件。所以吸食毒品者，不但傷害自己的身體，也會危害社會秩序，自有立法規範禁止及處罰之必要。

（二）我國為防制毒品危害，維護國民健康，特別於民國87年修正公布毒品危害防制條例，將毒品依其成癮性、濫用性及對社會危害性分為4級。比較常見者，如海洛因、嗎啡、鴉片、古柯鹼等屬於第1級毒品。安非他命、大麻、搖頭丸（即MDMA，快樂丸）等屬於第2級毒品。K他命、FM2（即俗稱強姦藥丸）等是屬於第3級毒品。單純施用毒品者，毒品危害防制條例第10條規定：「施用第1級毒品者，處6月以上5年以下有期徒刑（第1項）。施用第2級毒品者，處3年以下有期徒刑（第2項）。」亦即僅施用第1級、第2級毒品才會成罪。又對於吸食第1級、第2級毒品者，法律是先將之視為病人；故對於初犯者，是先將其以病人身分送觀察勒戒，期間為2個月以下，若無繼續施用毒品傾向，則立即釋放，檢察官並為不起訴之處分或少年法庭為不付審理之裁定。若有繼續施用毒品之傾向，則送戒治處所強制戒治，期間是6個月以上1年以下（毒品危害防制條例第20條第1項、第2項規定參照）。而決定是否要送戒治處所強制戒治，一般而言，係依據勒戒所陳報之「有無繼續施用毒品傾向證明書」。若吸食毒品者於觀察勒戒或強制戒治執行完畢釋放後，5年內再犯施用第1級、第2級毒品者，則回復正常刑事程序，即由檢察官依法追訴（毒品危害防制條例第23條第2項規定參照）。對於施用第3級、第4級毒品者，依毒品危害防制條例第11條之1規定，可處新臺幣1萬元以上5萬元以下罰鍰，並應限期接受毒品危害

講習。少年施用第3級或第4級毒品者，應依少年事件處理法處理。

結語

　　政府必須正視毒品對社會的危害，並提出有效的對策，尤其是在如何阻止青少年接觸毒品及避免毒品入侵校園等方面，更應積極因應，並為有效作為，方屬正辦，否則將會付出極大的不利後果。在本案中，因搖頭丸是屬於第2級毒品，K他命是屬於第3級毒品，張立偉、李文傑、王俊男等3位高職生若係初次施用搖頭丸者，即會被裁定觀察勒戒。

教育孩子的話

父母從孩子小時候就要注意孩子的人格特質，如果孩子會不顧別人的反對而去嘗試禁止的事、覺得自己無法處理困難，挫折忍受力低，需要立即獲得滿足等等，就要格外注意孩子是否會使用毒品來逃避壓力。而為使孩子遠離毒品，父母應先加強孩子的行為控制力，培養孩子的自信心，以增強其調適壓力的能力和挫折忍受力，且使孩子願意在困難時向父母求助，並以智慧不說教的方式，告訴子女使用毒品會有何害處的正確知識。

人生加油話

學習是一輩子的事，永無止境，真正的老化其實是沒有學習。而年資的深淺不一定與專業成正比，只有用更謙虛柔軟的態度，放下身段，持續學習，並相信人生經歷中有學不完的東西，這樣才能使自己不斷的進步。

法律笑話

　　有一位交付提款卡給詐欺集團持以詐騙被害人使用的被告，被檢察官以幫助詐欺罪名起訴，法官問該被告：「你為什麼要交付提款卡給詐欺集團使用？」被告答：「求職心切。」書記官卻記載成：「求子心切」（書記官是在狀況外嗎？）。法官再問：「你對被害人講的話，有什麼意見？」被告答：「法官大人，我沒有跟被害人講話啊！」（法官實際上是問被告，對於被害人陳述被詐騙的經過有何意見？不是在問被告有無對被害人講話啦！）

案例 14

甜言蜜語誘拐同居篇

案例說明

高職生高建志、林淑惠同學，因日久生情，成為男女朋友。但被林淑惠之父發現，全力阻止，並將林淑惠轉學他校，且對高建志發通牒，禁止高建志接近林淑惠。但高建志仍因止不住對林淑惠的思念，四處打聽林淑惠的下落，終尋得林淑惠相聚。林淑惠遂在高建志不斷的甜言蜜語以及哄騙之下，同意離家出走，並與高建志同居，致使林淑惠之父母苦尋林淑惠不著，報警處理。

法律分析

（一）我國刑法為了保護家庭生活的圓滿及家庭對子女的監督權，規定有妨害家庭罪章，包括和誘罪、略誘罪和準略誘罪。所謂和誘，係指得到被誘人的同意，引誘被誘人脫離家庭或其他有監督權人。依刑法第240條規定：「和誘未滿20歲之男女，脫離家庭或其他有監督權之人者，處3年以下有期徒刑（第1項）。和誘有配偶之人脫離家庭者，亦同（第2項）。」是依引誘的對象可區分為和誘未成年人、和誘有配偶的人兩種罪。所謂略誘，係指使用強暴、脅迫、詐術或其他不正方法，違反被誘人之意思，使其脫離家庭

或其他有監督權人。而依刑法第241條第1項規定：「略誘未滿20歲之男女，脫離家庭或其他有監督權之人者，處1年以上7年以下有期徒刑。」另依刑法第298條第1項規定：「意圖使婦女與自己或他人結婚而略誘之者，處5年以下有期徒刑。」是略誘的對象亦可分為略誘未成年人罪、略誘有配偶的人罪的分別。又刑法第241條第3項規定：「和誘未滿16歲之男女，以略誘論。」故和誘未滿16歲的男女脫離家庭，法律上一律當作略誘，稱作準略誘罪。因為未滿16歲的男女，年紀還太輕，思慮淺薄，缺乏行使同意權的能力，為加強保護，就算誘拐行為得到青少年同意，法律上也以較重的略誘罪來處罰行為人。

（二）在本案中，林淑惠女同學如果未滿16歲，高建志男同學引誘林淑惠離家出走，使林淑惠父母找不到林淑惠，高建志會成立略誘未成年人罪；如果林淑惠同學超過16歲但未滿20歲，在誘拐下同意離家，高建志就成立和誘未成年人罪。

結語

　　男女感情事很難評斷，尤其少男少女的愛情，更難令人捉摸，稍一處理不慎，即有陷入法網之可能。在本案中，也是因為高建志年輕識淺，未能妥善處理感情問題，為使林淑惠女同學陪伴在旁，乃對林淑惠甜言蜜語，並積極勸誘林淑惠與其同住而與林淑惠父母中斷聯絡，妨害林淑惠父母監督權之行使，其犯罪之動機、目的，固屬單純，但已經觸犯上開刑責。

教育孩子的話

父母要以開放、開明、開心的態度來面對孩子戀愛、交友的情況，不要以舊思維來完全禁止或無理限制。且教養孩子，萬萬不可強加自己的期望與要求，使子女能夠樂於接受。而孩子的能力往往是有限度的，但父母對孩子的期望卻常常是無限的，兩者之間的距離如果相距太遠，往往就會造成許多不幸，所以父母對孩子表達愛意的方法之一，應該就是要儘量縮小對孩子的期望。

人生加油話

人只要脾氣、個性好，許多事情都會很好。我們要常常保持一顆單純善良的心，要能設身處地為他人著想，保有同理心，自然能夠體諒，不會怨懟，心境也較快活。

法律笑話

　　有一位目擊證人目睹一件多人持械鬥毆案，參與鬥毆者事後一哄而散。檢察官根據相關資料起訴多名被告，涉嫌殺人未遂。法官以證人身分傳喚該目擊證人到庭，法官問：「你是根據什麼來指認這些被告的？」該證人答：「他們所開車子的車號。」法官再問：「事隔這麼久了，你還記得他們所駕駛的車號嗎？」該證人答：「當然記得，他們的車號都太好記了，我現在想起來都還覺得好笑。」法官問：「究竟是什麼車號，讓你覺得好笑呢？」該證人不假思索的回答：「就是YA-5438、QK-5000、SPP-945。」（確實真的是太好記了，也不容易忘，那就是：耶，我是三八（YA-5438），QK（日本語，休息之意）5,000元（QK-5000），俗ㄅㄧㄚㄅㄧㄚ（即老土之意），就是我（SPP-945），這些作姦犯科者，可能沒想到會敗在這些好記的車號上。）

案例 **15**

網路上竊取虛擬寶物篇

案例說明

高中生陳彥廷、李家宏均為「中華網龍股份有限公司」所發行管理「黃易群俠傳」網路線上遊戲之玩家。不料,陳彥廷同學於某日在臺北市某網咖內,以李家宏同學之遊戲帳號及暱稱,登入「黃易群俠傳」中,並將李家宏同學遊戲帳號內所持有「黃易群俠傳」上之寶物「白石光」、「兔皮」、「蛇皮」及「銀礦」等虛擬寶物、裝備之電磁紀錄,變更移轉至其所持用之上開帳號內。嗣因李家宏同學以自己帳號、密碼進入「黃易群俠傳」網路線上遊戲時,發覺帳號內前揭寶物、裝備被移除而報警查悉上情。

法律分析

(一)我國線上遊戲發展日漸蓬勃,參與線上遊戲的消費群,甚為廣泛,而因線上遊戲所導致的鬥毆傷害、妨害自由、詐欺、駭客盜取帳號、破解密碼等不法事件,也層出不窮,產生許多線上遊戲的申訴糾紛。而線上遊戲玩家因為帳號被盜用後,其線上遊戲虛擬的「裝備」或「寶物」也被侵入者竊走。這些虛擬的「裝備」或「寶物」均有一定的市價,有些是玩家練功許久後才獲得的,被竊之後,過去所

花費的金錢與時間，一夕之間可能化為烏有，自然忿恨難平，實有必要對此予以嚴格法令規範。

（二）我國刑法第323條曾於86年10月8日修正，增列「電磁紀錄」關於竊盜罪章之罪，以動產論；同法第352條亦增列第2項干擾他人電磁紀錄處理罪，是電磁紀錄雖為無體物，仍為竊盜罪及毀損罪之客體。因線上遊戲之帳號角色及寶物資料，均係以電磁紀錄之方式儲存於遊戲伺服器，遊戲帳號所有人對於角色及寶物之電磁紀錄擁有支配權，可任意處分或移轉角色及寶物。又上開角色及寶物雖為虛擬，然於現實世界中均有一定之財產價值，玩家可透過網路拍賣或交換，與現實世界之財物並無不同。故線上遊戲之角色及寶物自為刑法竊盜罪、毀損罪之保護客體，應係刑法第323條、第352條原來所指之電磁紀錄。但將電磁紀錄竊盜納入竊盜罪章規範，與刑法傳統之竊盜罪構成要件有所扞格，且刑法第352條第2項原規定之「干擾」行為方式規定不夠明確，易生適用上之困擾。又該行為之本質，與有形之毀損文書行為並不相同，另隨著電腦資訊科技日新月異的發展，利用電腦及相關設備的犯罪也日益增加。因此，我國於民國92年6月25日增訂刑法第36章「妨害電腦使用罪」，同時刪除刑法第323條、第352條關於電磁紀錄之文字，以資因應（參見上開條文之立法理由說明）。我國刑法既然已經增訂第36章妨害電腦使用罪，則關於電磁紀錄之罪章，自應適用專屬之該章規範，不再為竊盜罪、毀損罪之保護客體。

（三）刑法第358條規定：「無故輸入他人帳號密碼、破解使用電

腦之保護措施或利用電腦系統之漏洞，而入侵他人之電腦或其相關設備者，處3年以下有期徒刑、拘役或科或併科10萬元以下罰金。」刑法第359條規定：「無故取得、刪除或變更他人電腦或其相關設備之電磁紀錄，致生損害於公眾或他人者，處5年以下有期徒刑、拘役或科或併科20萬元以下罰金。」故無故輸入他人帳號、密碼，而入侵線上電腦遊戲之伺服主機後，變更告訴人帳號內之寶物、裝備之行為，是觸犯刑法第358條入侵他人電腦罪及第359條之無故變更他人電腦電磁紀錄罪。

結語

　　我國刑法已針對電腦犯罪設有專章規範，其所保護的法益，不僅僅是個人法益，還包括保護電腦的安全使用及公共信用之安全等社會法益。在本案中，陳彥廷同學將李家宏同學所有之虛擬寶物、裝備，轉移到自己的使用者帳號內，變成自己的虛擬寶物，這種入侵他人帳號，竊取線上遊戲虛擬寶物的行為，造成李家宏同學個人的損害，觸犯刑法第358條之入侵他人電腦罪及刑法第359條之無故變更他人電腦電磁紀錄罪。為防範此類情事的發生，線上遊戲業者，應善盡遊戲系統管理者的責任，使用適當的防護或防駭措施，也必須提醒線上遊戲玩家，注意遵守相關法律規範，不要損害了玩線上遊戲的娛樂目的。而線上遊戲的玩家，也應善加保管個人帳號密碼，不要使用來路不明的遊戲帳號，以免觸犯刑責，得不償失。

教育孩子的話

青少年孩子有時因同學、同儕友誼的需要，透過網路方式聯誼，父母不要一味地禁止，以免造成反彈，增加不必要的衝突，父母可以做的是，多多陪孩子聊聊網路上的朋友，多關心他們網路使用的狀況，提醒孩子網路交友陷阱多，在未真正相處了解前，網路上友人都是陌生人，而如果已經造成困擾，就要趕快找父母、師長解決。另外，父母一定要有聆聽孩子說話的修養，好好的傾聽孩子講話，才能建立親密友善的親子關係。

人生加油話

天沒降大任給我們，可能還是會苦我們心智，勞我們筋骨，人要承認自己能力的有限，要平和順服於生命，才能學習到如何和自己安適相處，並讓種種各方壓力來去自如。而能夠平和擺平自己情緒的人，無論身處何方，都能自在。

法律笑話

　　某性侵案之男性被告，用一種「索人迷魂藥」使某女性被害人失去知覺後，強姦得逞。但卻於法庭上矢口否認犯罪，且長篇飾詞狡辯卸責，三位承審法官聽審之後，心中暗想，如果有商人能夠發明「從實招來散」、「和解認罪油」、「言簡意賅液」，讓被告服用，就不用聽被告那麼多辯解，那該多好！（這是周星馳的電影看太多嗎？這麼多古怪名稱的藥、散、油、液等等。不過，應該有很多司法人員都希望有這些物品來協助審判工作吧！）

案例

收受來歷不明贓車篇

案例說明

男高中生王智偉家境不佳，但又喜歡炫耀出風頭，常呼朋引伴出遊，並以老大自居。某日王智偉竊得某人所有之哈雷重型機車後，騎往學校炫耀，男同學王志銘遂向王智偉借得該車騎駛道路，而為車主發覺報警，循線為警逮獲。

法律分析

（一）人與人單純借用物品使用，固為事理之常，亦不涉刑事法律責任。但在某些物品借用上，則須留意貸與人（即出借人）對該物品是否有權限出借物品，否則當心吃上官司。按目前國內汽機車考照年齡，除考領大型重型機車駕駛執照、職業駕駛執照須年滿20歲外，必須年滿18歲以上（道路交通安全規則第60條第1項參照）。高中生一般而言，尚未滿18歲，並無法考領駕照，則向高中生借用取得重型機車，往往必須特別注意其來源。尤其哈雷重型機車之價值，往往高達數十萬元，甚至百萬元以上，價值不低；以一般高中生而言，顯無資力購買，其家人亦應不致於會花費鉅資購買。是於本案中，王智偉同學係以竊盜方式取得該機車，自應負竊盜刑責。

（二）又我國刑法為防止因竊盜、搶奪、強盜、詐欺、侵占、恐嚇取財、擄人勒贖等犯罪，被害人之財產遭受他人不法之侵害後，因贓物犯之參與，致被害人之回復請求權發生困難，及為有效遏止財產上犯罪之功能，對於助長此類財產上犯罪之收受、搬運、寄藏、故買、牙保者，設有處罰。亦即刑法第349條規定：「收受、搬運、寄藏、故買贓物或媒介者，處五年以下有期徒刑、拘役或科或併科五十萬元以下罰金（第1項）。因贓物變得之財物，以贓物論（第2項）。」所謂贓物，係因財產犯罪所取得之物，贓物既因財產上犯罪所不法取得之財物，被害人對之有返還請求權。贓物罪乃妨害財產犯罪之一獨立罪，被害人之財產遭他人之不法侵害，原得依法請求回復其物，但因贓物犯之參與，致被害人之回復請求權發生困難，是以贓物罪之行為，亦應認為對他人財產之侵害。故關於贓物罪被害人向檢察官之申告，應認為告訴（最高法院63年度第1次民、刑庭庭推總會決議參照）。

結語

　　贓物罪之本質，為財產之回復請求權，依最高法院之上開決議見解，更認為贓物罪為對他人財產之侵害，對於贓物罪之處罰，其作用乃在使其發揮防止財產上犯罪之功能。在本案中，王智偉同學竊得哈雷重型機車，應負竊盜罪責甚明，而王志銘同學對王智偉同學並無資力且無故取得價值不菲之重型機車，應能知悉，竟仍向王智偉無償收受借用，亦應負收受贓物罪責。

教育孩子的話

父母應該教育孩子，把危險當作生活的一部分，就像投資風險是成本的一部分一樣，要學會如何避開它，而不是一味地逃避它。父母千萬不要保護孩子過當，要懂得適時放手，讓孩子有抗壓性，以免孩子變成草莓族，孩子若是像在溫室裡的花朵，禁不起半點風吹日曬雨淋，那可就不好了。

人生加油話

我們的生命歷程，其實就是很簡單的在回應我們所做的事情。也就是說，我們做的每件事情都會有反應的，只是時間早晚問題而已，所以在做任何事情之前，一定要三思，並且要做到無愧於心。

法律笑話

有一位施姓被告因經營事業所需，向他人借貸，終究仍難挽回事業之困境，而以失敗收場，還被控詐欺。不過，他為了證明自己並非詐欺，請求法院傳喚其兄出庭作證。但其兄到法院作證，許多事都是證述不記得了，法官端詳該被告及其兄之姓名後，不禁莞爾，直覺其父母為該兄弟取的名字真是太有趣了。因為一整個庭訊過程，常常聽到失意人（施議人）先生（即被告）、失憶症（施議正）先生（即證人）等語。（也難怪被告施議人先生的事業，做得那麼地失意；證人施議正先生對很多事情都不記得了。所以父母取名真的要特別注意名字的諧音。）

案例 **17**

偷藏他人情書篇

案例說明

男國中生趙忠良情竇初開，非常仰慕同班同學錢宜君。趙忠良某日終於鼓起勇氣，寫了一封文情並茂的情書打算給錢宜君，但因不敢當面交給錢宜君，遂於下課後將情書裝入信封放在錢宜君桌上，剛好被也是仰慕錢宜君許久之男同學孫大方發現，孫大方乃將該封情書偷偷藏於自己抽屜內，終為趙忠良發現上情。

法律分析

（一）少男少女的感情世界，有時不是成年人所能了解，正值花樣年華、青春無敵的年紀，對感情的懵懂、單純，有時是一件非常美好的事情。尤其對於暗戀對象的表白，帶有靦腆、差怯、生澀的模樣，很是可愛。不過，競爭者的出現，就有可能會相互比較、隱藏私心、耍弄手段，讓原本單純的感情變了調，也顯露出人性醜陋的一面。但無論如何，尊重他人及守法觀念的建立，應該是基本的行為準則，否則不僅得不到別人的認同，也會惹禍上身。

（二）保護私人生活的隱私，是先進文明國家甚為重視，且會立法予以保障的。我國憲法第12條規定：「人民有祕密通訊

之自由。」即在於確保人民就通訊之有無、對象、時間、方式及內容等事項，有不受國家及他人任意侵擾之權利。因為人類都有不想被他人得知的思想、情感，亦有僅僅是傳達給特定人之言論，假設自己之思想、情感、言論，隨時隨地有被第三者祕密竊聽、錄音、錄影或隱匿之虞，則無論在何處，已無從真實表達其真實思想，則個人之思想表現自由將被減損，人與人之間信賴關係亦將遭破壞。我國刑法第315條乃明定：「無故開拆或隱匿他人之封緘信函、文書或圖畫者，處拘役或3千元以下罰金。無故以開拆以外之方法，窺視其內容者，亦同。」是在本案中，孫大方將趙忠良寫給錢宜君的情書偷藏起來，即是妨害他人祕密通訊之自由，構成上開妨害書信祕密罪。

結語

祕密是指本人不想被不特定人知悉其內容的有關資料而言，今日社會複雜，人各有其祕密，不想被人知悉，對通訊自由隱私權之保護，應該是國家責無旁貸的任務。而尊重與包容也是人類最珍貴的德行，尊重他人，也是善待自己的表現。在本案中，偷藏他人信件，即是侵犯他人祕密通訊之自由，不僅不尊重他人，也是自陷法網的非行，應以引為戒。

教育孩子的話

孩子生命中的陰影、負面的價值觀，有時是父母不經意地擋住其陽光所造成的，所以父母要有足夠智慧來避免。但不論如何，從現在開始，不要再當孩子的主人，要做他們生命的守護者、陪伴者，讓孩子感受到一份穩定支持的力量，持續陪同他們成長。

人生加油話

人生並不是會照著你寫好的劇本演，所以許多事，雖然要追求，但一定不要強求。有時眼睛朝下望一點，反省自己的缺失；而嘴角向上一點，時時感到自我滿足、感恩。不要再從結果來看得與失，而是要學著從過程中看人生的啟示。

法律笑話

　　某刑事庭法官對被告說：「我在這個法院已經工作5年了，你竟然連犯5次罪，讓我在法庭上看見你5次，你不覺得很難為情嗎？」被告竟大聲反駁說：「法官大人，你一直留在這個法院，不能調升，並不是我的錯喔。」

案例 ⑱

結伴飆車自High篇

案例說明

某校男高中生李俊吉、張家仁、王天佑平日麻吉，經常相約騎車出遊。某周末夜，三人各自騎車往臺中市環中路一帶，見路上飆車族以闖紅燈、蛇行、併排競速、甩尾、不遵行車道等方式占據道路，隨即一同加入飆車行列，嗣為警實施口袋夾擊策略而逮獲。

法律分析

（一）馬路是供公眾往來的通路，而紅綠燈係民眾及駕車者共同遵守交通規則所依循之號誌，所有參與道路交通之人，亦有義務遵守相關法令規範，以維護公眾之生命、身體之安全。若有人故意為損壞或壅塞陸路或以他法致生往來之危險者，自難為社會所容。是我國刑法第185條規定：「損壞或壅塞陸路、水路、橋樑或其他公眾往來之設備或以他法致生往來之危險者，處5年以下有期徒刑，拘役或5百元以下罰金（第1項）。因而致人於死者，處無期徒刑或7年以上有期徒刑。致重傷者，處3年以上10年以下有期徒刑（第2項）。第1項之未遂犯罰之（第3項）。」本罪係為保護公眾往來安全而規定，該條所規定致生往來之危險，係指

具體危險犯，但此所謂具體危險，係指客觀上業已具備公眾往來之危險狀態為已足，不以已經發生實害之結果為必要。又該條所謂「壅塞陸路」，致生往來之危險，係以有形之障礙物，截斷或杜絕公眾往來之設備而言，且須達到與損壞同等程度者始足當之。另該條所謂之「以他法致生往來之危險」罪之「他法」，係指除損壞、壅塞以外，其他凡足以妨害公眾往來通行之方法都是。

（二）本案中，有人以闖紅燈、蛇行、併排競速、甩尾、不遵行車道等方式占據道路，極易失控撞及道路上之其他人、車或路旁建物等，已足以使公眾之他人無所適從而生公共危險，李俊吉、張家仁、王天佑亦同時加入此飆車行列，自係構成刑法第185條第1項所指之以「他法」致生往來之危險罪。

結語

　　青少年為何甘冒危害自己及他人生命的危險，從事違法的飆車行為？必須從各方面了解其動機。青少年內心多少含有冒險刺激的衝動，以為飆車是一種英雄行為；甚至有部分青少年在學業及生活上受挫敗時，藉由飆車行為，從群眾掌聲中滿足自己虛榮的成就感，甚至將飆車視為向權威挑戰的遊戲，並樂此不疲。政府應採有效對策嚴加取締，以免這股歪風繼續。本案李俊吉、張家仁、王天佑參與飆車，均係構成刑法第185條第1項之妨害公眾往來安全罪。

教育孩子的話

父母對孩子的看法和評價，往往會深深影響孩子對自己的看法。當我們在言語、行為舉止上，表現出對孩子有信心的時候，孩子對自己也會更有信心。因為孩子的許多自我概念，其實是父母對其觀感的投射，為人父母者，對此能不慎乎！

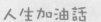

人生加油話

人要經常用微笑來面對人生，用笑臉來解決問題，而且微笑並不難學習，困難的是如何讓微笑持續下去而成為生活的習慣。如果能夠擁有自然而親切的微笑，最是迷人，就讓我們多笑一點吧。

法律笑話

　　有一位70幾歲的老阿嬤被控傷害罪，起因是這位阿嬤坐上之前已連絡好的無線電計程車，要到晶華飯店喝喜酒。計程車司機利用車上的無線電回報已接到人：「五么拐（即517），五么拐（即517），聽到請回答！聽到請回答！」阿嬤聽到之後火冒三丈，狠狠地對司機的後腦勺一巴掌打下去，並氣呼呼的說：「講啥米有妖怪（台語）！恁祖媽只是要去飯店給人請，粉有抹卡夠一點，講啥米有妖怪！」

無故提供帳戶幫助詐欺篇

案例說明

高中生王大同家境不佳，為補貼家計，打算利用暑假期間打工賺錢。見報上徵人廣告，乃與之連絡，王大同被告知係從事收款工作，且需提供金融機構帳戶存摺、印章、提款卡（含密碼）等物，以供薪資及他人匯款之用。王大同雖覺事有蹊蹺，但因迫於家計，乃依約交付其郵局存摺等物。事隔數日，王大同因未接獲工作指示，亦無法連絡徵人者，告訴父母後，始發覺事態嚴重，趕緊辦理止付其郵局帳戶。但還是遲一步，已有3人因遭詐騙集團所騙，匯款至王大同之郵局帳戶，且遭提領一空，王大同亦因此遭警傳喚。

法律分析

（一）現今不法詐騙集團仍然盛行，為害社會甚鉅，而詐騙集團往往利用人頭帳戶作為供被害人匯款之用，詐騙集團除收購人頭帳戶外，亦有利用一般人急於求職的弱點，不費分文輕易取得求職者所交付之金融機構帳戶，以行詐欺取財之目的。除使被害人損失財物，自己亦可獲得不法所得，又可避免追緝外，復使求職者面對刑事訴追及民事求償之訟累，可謂可惡至極！政府實應更有積極作為，謀求有效防制杜絕詐騙之道，以維護社會安寧。

（二）按刑法第13條規定：「行為人對於構成犯罪之事實，明知
並有意使其發生者，為故意（第1項）。行為人對於構成犯
罪之事實，預見其發生而其發生並不違背其本意者，以故
意論（第2項）。」故刑法上之故意，分直接故意（確定故
意）與間接故意（不確定故意），「行為人對於構成犯罪
之事實，明知並有意使其發生者」為直接故意；又「行為
人對於構成犯罪之事實，預見其發生而其發生並不違背其
本意者」為間接故意。在本案中，高中生王大同係為求職
始交付上開郵局存摺等物，並非明知他人將持其存摺等物
供詐騙他人財物之用，且有意使該詐騙情事發生，故其無
直接幫助詐欺之故意甚明。但因今日一般人至郵局或銀行
開設帳戶並非難事，如非供犯罪之非法使用，衡諸常情，
自無置自己名義帳戶不用，而取得他人帳戶使用之必要。
且供薪資匯款之用，可提供帳戶影本資料即可，亦不需交
付帳戶存摺、印章、提款卡（含密碼），高中生王大同貿
然將其郵局存摺等物交付不詳姓名之第三人，已甚可議。
又金融存款帳戶事關存戶個人財產權益之保障，其與存戶
印鑑章結合，具高度專有性，除非本人或與本人親密關係
者，難認有何理由可自由流通使用該存摺，一般人皆有妥
為保管防止他人任意使用之認識，縱因特殊情況偶有交付
他人使用之需，亦必然深入了解用途後再行提供以使用，
方符常情。而該專有物品如落入不明人士手中，極易被利
用為與財產有關之犯罪工具，此又係具備一般生活智識者
皆能體察之常識。參以邇來詐欺者使用他人存摺作為指示
被害人匯款工具之犯罪類型層出不窮，並廣經媒體披載，

凡對社會動態尚非全然不予關注者均能知曉，高中生王大同對此當無不知之理，則縱使並不確知所提供之帳戶，係遭他人用以對被害人詐欺取財，亦無法確知取得帳戶之人係以何種方法於何時地為詐欺取財之具體內容，惟對於其所提供之上開帳戶等物，將遭人作為詐欺取財犯行所得財物匯入、提領之工具使用，應有概括之認識。且可預見其發生，竟仍同意提供予他人使用，顯對帳戶供他人取得不法犯罪所得之用，亦不違背其本意，且高中生王大同交付上開存摺等物之時，亦覺事有蹊蹺，顯見並無確信帳戶不至於遭利用為犯罪之用，仍將上述帳戶提供他人，足認其有幫助他人犯罪之不確定故意至明。目前刑事審判實務上，對於無故提供金融機構存摺等物予他人，嗣後被人持以詐騙使被害人匯款之用者，多數採此見解，僅有少數被告能證明確係因求職之故，有必要提供存摺等物（例如提出求職廣告、通聯紀錄、有證人證明應徵工作等等），且於發覺有異後，迅速掛失止付及報案者（例如提出報案證明、電話掛失止付之語音紀錄等等），而獲判無罪。

結語

　　目前全球經濟不景氣，求職困難，生活陷入困境者不少，而詐騙集團又橫行其道，常常趁求職者求職心切，或一時大意之際，向他們騙取金融機構存摺等物或金錢等利益。由於詐騙手法層出不窮，因此，求職者必須保持冷靜審慎，以免落入圈套，招致損失及訟累。

教育孩子的話

父母一定要多多讚美、鼓勵孩子，對孩子抱著樂觀開明的態度，絕不可以無緣無故對著孩子亂發脾氣。父母若是真正關心孩子，並不是為孩子選擇一條你自己喜歡的路，而應該鼓勵孩子往多方面去嘗試和探索，孩子才有機會能發現真正適合他們自己的路。

人生加油話

你用什麼樣的態度面對工作，別人就會用什麼樣的態度面對你。好好培養真誠的態度，將會一生受用。因為真誠才是一切的原點，也是為人處事的根本。

法律笑話

　　一位已有酒駕前科紀錄，構成累犯的被告在法庭上說：「我這次真的只是多喝了一些酒，並沒有像起訴書上說得那麼醉。」法官笑著說：「正因為如此，我才沒有判處你有期徒刑3個月，而只判了你拘役90日。」（通常被告縱然喝的很醉，在法庭時也大都會辯解只喝了一點點酒，這位法官也就依樣畫葫蘆，雖然判的情形看似不一樣（即有期徒刑3月、拘役90日），但結果還不是一樣。）

侵占他人遺失財物篇

案例說明

國中女同學林佩蓉喜歡閱讀，常向市立圖書館借書觀看。某日林佩蓉借得「哈利波特」一書，於教室內翻書閱讀之際，無意中發現於該書中夾放1張新臺幣1千元之紙鈔。林佩蓉即將該1千元紙鈔據為己有花用，但被女同學徐慧萍發現上情而報告老師。

法律分析

（一）任何人都有可能無意間發現他人遺失的物品，如果起心動念占為己有，就會成立犯罪。但如果是將無主物或他人拋棄之物據為己有，可取得其所有權，並不會構成犯罪，因為依民法第802條規定：「以所有之意思，占有無主之動產者，除法令另有規定外，取得其所有權。」但遺失物並非拋棄物，如錢包、身分證、手機等，一般而言均非他人拋棄之物，如拾獲錢包、身分證、手機等物，並不能因此取得所有權，反而會構成犯罪。

（二）我國刑法第337條規定：「意圖為自己或第三人不法之所有，而侵占遺失物、漂流物或其他離本人所持有之物者，處5百元以下罰金。」此即侵占遺失物罪，為專科罰金的

罪,屬於甚為輕微的刑事案件。該條所謂遺失物,係指本人並無拋棄之意思,因偶然的因素而脫離本人持有之物,例如:皮包、身分證遺落路上;該條所謂漂流物即是指水中的遺失物,例如:國有森林被颱風沖下的漂流木或隨水沖流而下的私人財物;該條所謂離本人所持有之物,係指除遺失物、漂流物以外之其他非基於本人拋棄之意思而脫離本人持有之物,例如;他人走失的小狗、自動販賣機亂給的飲料等等。在本案中,夾放於書中之新臺幣1千元紙鈔,依社會多數人通念,應非原所有權人拋棄所有權,純係非因原所有權人意思而目前脫離原所有權人占有,林佩蓉同學因此據為己有,即構成刑法第337條之侵占脫離物罪。

結語

侵占遺失物罪,日常生活相當常見,且對社會危害性不大,立法者乃僅立法處以專科罰金之刑,不過,畢竟侵占遺失物罪,與社會倫理有違,所謂勿以惡小而為之,不要以為這件事很小,所以犯罪也無所謂,平日應該養成不貪不取,即能遠離災禍。

教育孩子的話

父母不要太相信什麼「不要輸在起跑點上」這種論點，人生好像是在跑馬拉松一樣，需要有耐久續航力，而且永遠也學不完，只要是方向、觀念、價值觀都對了，且擁有健康的身體，一定可以學很多東西。所以做父母親的，一定要把眼光、目標都放遠一點，不能短視。

人生加油話

真正成功的人士，最大的資產就是正直的性格，因為人格正直，才能得到別人的信任、賞識，也因為能夠得到別人的信任、賞識，才能擁有更多的機會、資源，所以為人首須端正自己的品格。

法律笑話

　　有一個人因為到餐廳吃飯，後來被餐廳老闆控告公然侮辱，起因是該人在結帳時發現帳單金額貴的很離譜，故拒絕付款。該餐廳的老闆前來關切說明，該客人就調侃的說：「你們餐廳對同行可不可以打折？」，該老闆就很客氣的問：「先生，你也是從事餐飲業嗎？」該客人就很不爽的回答：「不是，我是土匪、強盜。」（因罵人土匪、強盜足以貶損侮辱他人名譽，所以要當心禍從口出。）

案例 **21**

打籃球「架拐子」受傷篇

案例說明

高中生林志遠、陳宜安同學分屬不同學校，均參加校際籃球比賽。正當林志遠帶球上籃時，剛好由陳宜安負責防守林志遠，陳宜安乃躍起封阻林志遠，林志遠見狀乃對陳宜安「架拐子」，陳宜安因而跌落地面，頭部因撞擊水泥地板而受傷。經送醫診治有輕微腦震盪情形，嗣因林志遠對此不聞不問，陳宜安憤而提告。

法律分析

（一）籃球場上「架拐子」的情形，相當普遍。所謂「架拐子」，簡單地說，就是以手肘的地方架住別人身體。往往是持球者在帶球上籃或切入等進攻時，為了讓自己有更多的攻擊空間，能夠順利得分，而用手肘頂開或架開防守者，讓防守者跳不起來以致無法防守。架拐子既然在打籃球時，常常發生，所以一般來說，只要不是太超過或太用力，應該都可以獲得原諒，不會產生刑事訴追情形。而會因此必須要由司法介入，通常都是架拐子的情節嚴重，或被架拐子者所受的傷勢不輕，架拐子者又不聞不問，始會如此。

（二）而架拐子致人成傷者，所涉及的刑事責任，應該是刑法上的傷害或過失傷害罪。一般來說，除非有明確證據證明有直接傷害之故意，可論以傷害罪，例如早有仇恨或是情敵，藉由同場打籃球之機會，報以私仇或給予傷害等外，若要論以傷害罪，即必須符合有傷害之間接故意，所謂間接故意，是指行為人對於構成犯罪之事實，預見其發生而其發生並不違背其本意（刑法第13條第2項參照）；也就是說，行為人對於其架拐子的行為，客觀上能預見會使人因此受傷，主觀上也認為縱使對方因此受傷，也不會違反他的本意的意思；反之，若客觀上無法預見對方會因此受傷或對方因此受傷也違反其主觀上之本意，自不會構成傷害罪。而要論以過失傷害罪，必須行為人有過失，也就是行為人對於結果之發生，雖非故意，但按其情節應注意，並能注意，而不注意者而言（刑法第14條第1項參照）。

（三）或許有人會認為打球受傷是司空見慣、常常發生的事，球場上之紛爭，就用籃球的規則來解決，司法不宜過度介入，故可經由「可推測承諾」的超法規阻卻違法事由而不成立犯罪。不過，如果採此種解釋，應該是必須在於架拐子的行為，並未逾越一般人對合理肢體碰撞的定義而言，若明顯逾越合理碰撞範圍或動作粗魯，因此導致他人受傷，站在保護法益的觀點，適度給予行為人法律約制，應是合理，且是可被接受的。在本案中，林志遠、陳宜安同學既僅因單純校際籃球比賽而同場較勁，並無其他仇隙，林志遠應無傷害陳宜安之故意；而林志遠對於陳宜安的受傷，是否有過失而應負刑事責任？則須視林志遠架拐子的

具體態樣，是否屬於合理碰撞範圍，若有逾越，應認其有應注意，並能注意，而不注意之過失情事。

結語

打球致人受傷，在所難免，而所謂球場上的事情，球場上解決，一般也是處理此糾紛之方法，司法不宜過度介入。但一個球場上的犯規動作，會造成他人受有身體上之傷害，並因此為刑事訴追，顯見原因並不單純，自須視具體個案態樣來探究行為人究係出於故意或有無過失，或其行為是屬於可推測承諾的合理碰撞範圍而定。

教育孩子的話

說話是一門很高的藝術，話說得多，不如說得好、說得適當。說話要慢慢的說、清楚的說，一直喋喋不休、嘮嘮叨叨的父母，就像一隻會叮人且一直嗡嗡作響的蜜蜂，每一個孩子都會覺得很吵，受不了，都會想要趕快逃離的，所以為人父母者，一定要學會如何說好話，說適宜的話。

人生加油話

一個人的情緒、脾氣和心境，是會深深影響自己未來的
發展，一個輕易就動怒的人，表示還很幼稚，無法操控
自己。而人在憤怒時，就很難理性的回應，所以務必要
克制情緒、脾氣，否則，後果將不堪設想。

法律笑話

民事庭法官在審理離婚訴訟案件中，聽到兩造夫妻的對話如
下：太太說：「早知道就聽我媽媽的話，不要嫁給你。」先生驚
訝的大聲回說：「什麼？妳是說，妳媽媽曾經阻止我們結婚？」
太太含著淚水嗯的一聲之後，先生繼續說：「真是的，妳早說
嘛？這些年來我一直以為都是她（即岳母）極力撮合我們，原來
我錯怪她了。」（所謂吵架無好話，這樣也能鬥嘴。）

案例 **22**

惡作劇推拉致人受傷篇

案例說明

國中同學李建成、王政雄下課後，經常在教室外走廊嬉鬧。某日，李建成因為惡作劇，由後以手將王政雄往前推，適王政雄重心不穩，因而頭部著地，有腦震盪之傷害。而因李建成於此3個月前，已曾因故意拉開王政雄的椅子，致使王政雄屁股著地受傷之情形，王政雄之父王國成不再原諒李建成，堅持提出告訴。

法律分析

（一）同學們在學校教室、走廊及校園內嬉戲玩耍，因而導致其他同學受傷，時有所聞，其所涉及的法律責任，不外是故意或過失傷害（或重傷害）。而故意可分為直接故意（即確定故意）與間接故意（即不確定故意），亦即行為人對於構成犯罪之事實，明知並有意使其發生者，為直接故意；行為人對於構成犯罪之事實，預見其發生而其發生並不違背其本意者，為間接故意（刑法第13條參照）。又過失亦可分為無認識過失（又稱無意識過失）與有認識過失（又稱有意識過失），亦即行為人雖非故意，但按其情節應注意，並能注意，而不注意者，為無認識過失；行為人

對於構成犯罪之事實，雖預見其能發生，而確信其不發生者，為有認識過失（刑法第14條參照）。由上述分析，間接故意與有認識過失，行為人同樣對於構成犯罪之客觀事實均有預見，但兩者在行為人「主觀心態」上卻各不相同，亦即：行為人主觀上確信其行為絕不致於實現法定構成要件或發生構成要件該當之結果者，為有認識過失。行為人主觀上容任結果之發生，而無不致實現法定構成要件，或不致發生結果之確信者，為間接故意。

（二）在本案中，李建成、王政雄同學在教室外走廊嬉鬧，李建成既出於惡作劇，且以手將王政雄往前推，其主觀上之意思，應僅使王政雄因此身體踉蹌，並無使王政雄受傷之直接故意至明；且李建成如此舉動，縱可預見王政雄會因此跌倒，但王政雄因重心不穩，致其頭部著地，有腦震盪之傷害，李建成亦應無容任發生此結果之意，即王政雄受有此傷害之結果，已違背李建成當初之本意，李建成亦無使王政雄受傷之間接故意。但李建成對於其自後以手將王政雄往前推之行為，應注意王政雄會因此往前倒，且客觀上亦能加以注意，竟疏未注意，應有前述所謂之無認識過失，且其過失行為與王政雄受傷間，具有相當因果關係，自應負過失傷害罪責。另須注意者，王政雄所受腦震盪之傷害，若已達到對於身體或健康有重大不治或難治之傷害程度，即構成重傷害（刑法第10條第4項第6款參照），李建成就會構成刑法第284條第1項後段之過失致重傷罪。至於是否確實會對於身體或健康有重大不治或難治之傷害，一般而言，必須藉由醫療專業機構予以鑑別判定。

（三）而李建成之前故意拉開王政雄椅子，致使王政雄屁股著地

受傷之情形，則因李建成可預見其故意拉開王政雄椅子，將使王政雄坐下時，因無椅子可坐，勢會發生屁股著地，且會因此受傷，而其主觀上亦或有容任結果之發生，故李建成縱無直接傷害王政雄之故意，亦可能會有傷害之間接故意。

（四）又本案無論是過失傷害、過失致重傷害（刑法第284條第1項）或傷害罪（刑法第277條第1項），依刑法第287條前段之規定，均屬告訴乃論之罪，則告訴人於知悉犯人之時起，於6個月內均得提出告訴（刑事訴訟法第237條第1項參照）。且於第一審辯論終結前得撤回告訴（刑事訴訟法第238條第1項參照）。若尚在檢察官偵辦中，撤回告訴，檢察官應為不起訴處分（刑事訴訟法第252條第5款參照），若已起訴，而在一審審理中撤回告訴，法院應為不受理之判決（刑事訴訟法第303條第3款參照）。

結語

　　在校園內嬉戲，也是學習生活的一部分，而在嬉鬧過程中，如何學習避免傷害他人，使彼此都能在安全環境下學習成長，是相當重要的。在本案中，李建成出於惡作劇而將王政雄往前推，或是故意將王政雄椅子拉開，均是將王政雄置於危險狀態，雖均無使王政雄受有傷害之直接故意，但其中故意將王政雄的椅子拉開，使王政雄坐下時，因無椅子可坐，勢必屁股著地，應可預見王政雄會因此受有傷害，李建成竟仍容許其發生，應有傷害罪之間接故意。而李建成將王政雄往前推之行為，一般而言，僅會使王政雄因此踉蹌而已，李建成應無容任王政雄因此受傷之意，但

因其應注意，且能注意其將王政雄往前推，有可能會使王政雄因此倒地受傷，卻不注意而導致王政雄受傷，李建成自應負過失傷害罪或過失致重傷罪。

教育孩子的話

聆聽可以確立、肯定與別人的互動關係，尤其父母要有聆聽孩子說話的能力與技巧，在仔細聆聽中，才能夠清楚知道孩子內心的情感與心智發展情形，也才能知道孩子需要幫助什麼，甚至有時只需要當一個有耐心的聽眾，就能給予孩子滿意的教導及信心。

人生加油話

一般人通常沒有能力去影響眾生，但至少可以發揮一己之力，對於自己的親友，以及對於那些有緣相遇的陌生人，適時的伸出援手，去幫助那些需要幫助的人，這樣的影響力也非常大的。

法律笑話

罵人是豬，會構成公然侮辱，所以有人對著本來就不和睦的鄰居說：「我曾經作過一個夢，非常精采，而且你是男主角喔！」鄰居悶不作聲，該人就繼續說：「我夢見你拿著一把長刀汗流浹背地追著一頭豬，一直追到一條暗巷後，只見那頭豬，急忙轉過身來，當場含淚對你跪地求饒，並對你說話。」鄰居還是不說話，該人就再說：「那頭豬說：『本是同根生，相煎何太急』。」（難怪會被告，影射鄰居跟豬一樣，雖不帶髒字，但已貶損該鄰居的社會評價，應該處罰。）

案例 **23**

檳榔西施大跳艷舞猥褻篇

案例說明

林靜娟爲某高職女學生，在某檳榔攤打工。檳榔攤男老闆吳志銘爲招徠生意，積極遊說林靜娟穿著薄紗，身體三點若隱若現地在檳榔攤所設之鋼管跳撩人舞步。獲林靜娟首肯，果然吸引眾多男性紅唇族的注意，紛紛向其購買檳榔，終因眾人口耳相傳此有火辣的檳榔西施大跳艷舞，警方據報前往查獲。

法律分析

（一）爲維護社會的善良風俗，對於敗壞社會風尚的行爲，我國刑法制訂妨害風化罪章（即第十六章之一）予以規範，此屬於侵害社會法益的犯罪。而有時妨害風化的行爲，並未攻擊具體的被害人，屬於犯罪學所稱的「無被害人的犯罪」。妨害風化若沒有具體的攻擊對象，解釋上應該嚴格。這樣，國家刑罰權的發動才能得到合理的約束（參見林東茂，刑法綜覽，一品文化出版社出版，民國96年9月修訂5版，第2-284、2-285頁）。

（二）我國刑法第234條於88年4月21日修正，原條文規定：「公然爲猥褻之行爲者，處拘役或1百元以下罰金。」修正條文則爲：「意圖供人觀覽，公然爲猥褻之行爲者，處1年以

下有期徒刑、拘役或3千元以下罰金（第1項）。意圖營利
犯前項之罪者，處2年以下有期徒刑、拘役或科或併科1萬
元以下罰金（第2項）。」即刑法第234條公然猥褻罪之犯
罪構成要件要素，業由「公然為猥褻之行為」之規定，修
正為「意圖供人觀賞，公然為猥褻之行為」，增列「意圖
供人觀覽」之主觀犯罪構成要件要素。此一修正，使公然
猥褻的適用範圍變小，例如，過去在車內乘機撫摸女子下
體、乳房或未婚成年情侶在校園角落做愛之行為，均可以
成立公然猥褻罪，但現因上開條文增訂意圖供人觀覽之要
件，由於上開行為應非意圖供人觀覽，所以不成立公然猥
褻罪（但在車內乘機撫摸女子下體、乳房，可能構成性騷
擾防治法第25條第1項之強制觸摸罪或刑法第224條之強制
猥褻罪等。而未婚成年情侶在校園角落做愛，可能會構成
社會秩序維護法第83條有妨害善良風俗之行為）。

(三) 我國刑法分則之所謂「公然」係指不特定人或多數人得以
共見共聞之狀態（司法院院字第2033號解釋，司法院大法
官會議釋字第145號解釋參照），並不以事實上已有不特定
人或多數人共見共聞為必要，只須有可見可聞之「狀態」
存在即可。而所謂猥褻，依實務見解，係指姦淫以外有關
風化之一切色慾行為而言（最高法院27年上字第558號判
例要旨參照），此項行為在客觀上足以引起他人之性慾。
在本案中，林靜娟刻意穿著薄紗，身體三點若隱若現地在
檳榔攤所設之鋼管跳起撩人舞步，係與老闆吳志銘合意為
招徠生意，自有供人觀覽及營利之意圖，而林靜娟上開行
為，已使不特定人或多數人得以共見共聞，在客觀上，亦
足以引起他人之性慾，均構成意圖營利供人觀覽猥褻罪。

結語

我國妨害風化罪章中，有屬於沒有被害人之犯罪者，例如，血親和姦（刑法第230條）、公然猥褻（刑法第234條）、散布、販賣猥褻物品（刑法第235條）等罪。處罰這類沒有被害人的犯罪，自當嚴格解釋其適用的範圍，以避免國家刑罰權過度介入。而顧全社會健全的善良風俗，仍屬刑法的重要目的與機能，若有害於社會善良風俗的行為，即須由刑法加以規範禁止。在本案中，林靜娟、吳志銘合意為招徠檳榔攤生意，由林靜娟刻意暴露身體私處，大跳艷舞，吸引男性紅唇族觀覽，所為已足使不特定人或多數人得以共見共聞，並引起他人之性慾，核與意圖營利供人觀覽猥褻罪之構成要件相符，應構成該罪。

教育孩子的話

從小就要讓孩子學習能夠清楚的表達自己的意見與內心的感受，這是一種能善待自己及與別人交往的能力。而為了要培養孩子良好的適應社會能力，父母要特別注意孩子的自我肯定、自我鼓勵訓練，因為人一有自信，也會為自己加油，許多問題都不會是問題。

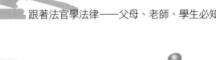

人生加油話

知識是沒有重量的，所有人都可以輕易帶著它，且學習知識是永無止境的，只有用更謙卑的態度放下身段，積極去學習新事物，相信生活歷程中會有學不完的東西，這樣才能不斷的進步，使人生更圓滿、更有意義。

法律笑話

　　律師看著女證人有懷孕的跡象，就先問證人：「妳懷孕多久了？」女證人答：「到5月6日就有4個月了」。律師再問：「那麼妳是在1月6日受孕的囉？」女證人答：「是的。」律師竟問：「那，那個時候妳在做什麼？」女證人頓時覺得不可思議，心想律師怎麼會有這樣愚蠢的問題，就生氣的回答：「那你覺得我是做什麼才受孕的？吃飯、喝咖啡、打球嗎？」

案例 24

自行買藥墮胎篇

案例說明

某校高中生王俊賢、程巧玲同學，因互看對眼，進而交往成為男女朋友。因未做好避孕措施，程巧玲發現其生理期延遲，乃告知王俊賢，並自行以驗孕棒檢驗後，發現已懷孕。王俊賢、程巧玲為免被家人責罵，透過網路得知某藥局有販售墮胎藥，乃商議購買而由程巧玲服用，終致胎兒胎死腹中。

法律分析

（一）凡以人工促使胎兒早產，或將胎兒殺死於母體之內，謂之墮胎（最高法院25年上字第1223號判例要旨認為，墮胎罪之成立，以殺死胎兒或使之早產為要件，亦即在胎兒未至自然分娩期間，而促使胎兒早產，脫離母體，無論胎兒是否因而死亡，均為墮胎。）國家基於人口政策，為增強人口之繁殖，維護民族之健康，及保全善良之風俗，大都設有禁止墮胎之規定。但遇特殊情形，有墮胎之必要者，另設有不罰之規定。關於墮胎罪保護的法益，應係胎兒之生命法益，凡足以危害胎兒之生命，如使胎兒早產，或胎兒殺死於母體內，均足成立墮胎罪（參見褚劍鴻，刑法分則釋論下冊，臺灣商務印書館發行，民國77年5月4版，第939頁、第940頁）。我國

刑法第288條規定：「懷胎婦女服藥或以他法墮胎者，處6月以下有期徒刑、拘役或1百元以下罰金（第1項）。懷胎婦女聽從他人墮胎者，亦同（第2項）。因疾病或其他防止生命上危險之必要，而犯前2項之罪者，免除其刑（第3項）。」該條第1、2項係自行或聽從墮胎罪，其區別即在於懷胎婦女之墮胎究係出於主動或被動。而本罪之犯罪主體，則限為懷胎之婦女，屬於身分犯之一種。

（二）又我國為實施優生保健，提高人口素質，保護母子健康及增進家庭幸福，特制定優生保健法（該法第1條第1項規定參照）。於優生保健法第9條規定：「懷孕婦女經診斷或證明有下列情事之一，得依其自願，施行人工流產：一、本人或其配偶患有礙優生之遺傳性、傳染性疾病或精神疾病者。二、本人或其配偶之四親等以內之血親患有礙優生之遺傳性疾病者。三、有醫學上理由，足以認定懷孕或分娩有招致生命危險或危害身體或精神健康者。四、有醫學上理由，足以認定胎兒有畸型發育之虞者。五、因被強制性交、誘姦或與依法不得結婚者相姦而受孕者。六、因懷孕或生產，將影響其心理健康或家庭生活者（第1項）。未婚之未成年人或受監護或輔助宣告之人，依前項規定施行人工流產，應得法定代理人或輔助人之同意。有配偶者，依前項第6款規定施行人工流產，應得配偶之同意。但配偶生死不明或無意識或精神錯亂者，不在此限（第2項）。第1項所定人工流產情事之認定，中央主管機關於必要時，得提經優生保健諮詢委員會研擬後，訂定標準公告之（第3項）。」另優生保健法第5條第1項規定：「本法規定之人工流產或結紮手術，非經中央主管機關指定之醫師不得為之。」由於優生保健法第9條第

1項已有墮胎的阻卻違法事由的規定，則刑法第288條第3項免刑的規定，似屬多餘。也因為優生保健法該條項已列舉得施行人工流產之事由，即只要有該條項6款情事之一，即不負刑法墮胎罪。故有學者主張：墮胎罪在刑法實務上幾已不具意義，法院審理的墮胎案件非常稀少。解釋學上墮胎罪的討論，也幾乎銷聲匿跡，餘下的爭論，大概是立法政策的問題，亦即墮胎應否全面合法化？（參見林東茂，刑法綜覽，一品文化出版社出版，民國96年9月修訂5版，第2-22頁）。

（三）但在本案中，王俊賢、程巧玲偷嚐禁果，程巧玲因而懷孕，為免被家人責罵，而自行商議購買墮胎藥墮胎，程巧玲顯非經醫師施行人工流產手術，應無優生保健法上開阻卻違法事由之適用，即應適用刑法墮胎罪相關之規定。而因王俊賢係與程巧玲合意為之，即王俊賢與程巧玲係基於共同之犯意墮胎，則依刑法第31條第1項之規定，王俊賢雖非懷胎之婦女，仍與程巧玲共同犯刑法第288條第1項自行墮胎罪。不過，程巧玲若確有因疾病或其他防止生命上危險之必要而為墮胎，此部分須有證據以資證明，當可依刑法第288條第3項之規定，主張免刑。

結語

墮胎罪係在維護胎兒之法益，只要是受胎成為胎兒，即應受刑法的保護。而由於優生保健法大幅放寬人工流產的條件，使得刑法墮胎罪的適用甚微。但在不符合優生保健法之條件下所施行之墮胎，即有刑法墮胎罪之適用。在本案中，王俊賢、程巧玲合意後，由程巧玲服用墮胎藥，致使胎兒胎死腹中，王俊賢、程巧

玲所為，業已符合刑法第288條第1項自行墮胎罪之構成要件，均
應共負該罪責。

教育孩子的話

不要羨慕別人家的孩子懂事、體貼、優秀，任何不需要父母
煩惱、擔心的孩子，都不是憑空而來的，要多多觀察別人如
何辛苦耕耘、教養的過程，多多學習別人寶貴的經驗，相信
就會找到適合自己教養的方法。

人生加油話

人要經常以客觀持平的角度，來檢視自己的言行舉止，並以寬容的態度，來包容別人的缺失、過錯。當別人在生氣、發脾氣的時候，要記得先放鬆自己臉上的表情，來好好回應別人的負面情緒，使對方能夠迅速消氣、冷靜，待事情過後，一切還是風平浪靜。

法律笑話

　　法官用國語問被告：「你叫什麼名字？」被告答：「蔣台宇。」法官就改用台語問：「你叫啥米名？」被告仍以國語回答：「蔣台宇。」之後，法官以台語問：「你有『前科』（台語音似千元）沒？」被告以台語回答：「我沒有千元，我只有8百元而已」（這是什麼情形啊！）

案例 **25**

亂打119謊報失火篇

案例說明

某國小6年級學生王明哲生性調皮，從電視上得知有人亂打119電話報案失火，覺得有趣，而生模仿之心。乃於某日利用學校中午休息之際，於學校內之公共電話打119，謊報失火。嗣經消防隊據報趕往現場，始知謊報。

法律分析

（一）在報章媒體上，可看到有民眾亂打119、110電話報案失火、兇殺案等，有因精神病患使用家中電話或醫院精神病房外之公共電話謊報，這些人在電話中經常胡言亂語或者不說話；另外，在學校內或附近的公共電話，也會有學生撥打119、110報案電話，這些人在電話中經常嘻嘻哈哈或者不出聲，很明顯是學生在惡作劇。消防隊或警方事後往往會根據電話紀錄或相關之查證，要求精神病患家屬或學校好好約束該謊報者的行為，否則，追究相關刑責及行政處罰。

（二）關於向消防隊謊報火警或無故撥打火警電話者，依據消防法第36條第1款、第2款之規定，可處新臺幣3千元以上1萬5千元以下罰鍰。而如果向警方謊報發生兇殺案，則可能

所涉及的刑事責任，則為刑法第169條第1項之普通誣告罪（即意圖他人受刑事或懲戒處分，向該管公務員誣告者，處7年以下有期徒刑）及刑法第171條第1項之未指定犯人之誣告罪（即未指定犯人，而向該管公務員誣告犯罪者，處1年以下有期徒刑、拘役或3百元以下罰金）。按刑法第169條第1項之誣告罪，係以意圖他人受刑事或懲戒處分，向該管公務員誣告為構成要件。所謂「他人」，乃指特定之人，固非必須具體指出被誣告者之姓名；但須在客觀上可得確定其為某特定之人，始足當之。如未指定犯人而向該管公務員誣告犯罪者，且依其所誣告之事實，亦無法認定其所指犯罪之人，則應成立刑法第171條第1項之未指定犯人之誣告罪（最高法院95年度台上字第5058號判決要旨參照）。故向警方謊報發生兇殺案，即以此判斷在客觀上是否可得確定被誣告者為何人而定。如單純謊報發生兇殺案，顯無法認定其所指犯罪之人，應僅成立刑法第171條第1項之未指定犯人之誣告罪。另上開2條文所指該管公務員，係指有權為刑事或懲戒處分之公務員，亦即對於刑事案件，有權行使偵查追訴或審判處罰，或對於懲戒事件有權行使彈劾或懲戒權之機關而言。

結語

民眾亂打110、119電話，不僅會使消防、警察人員疲於奔命、浪費寶貴時間，更會影響搶救真正火災及刑案之偵辦時效，切勿因一時之快，為此損人不利己之行為。而家中有精神病患或

生性調皮的幼童的家長，也應隨時注意該精神病患及幼童之行為狀況，以避免誤觸法網。在本案中，小六學生王明哲在學校內之公共電話打119，謊報失火，因消防隊人員並非有權行使偵查追訴犯罪或審判職權之公務員，並不構成刑法上之誣告罪，但其行為已符合消防法第36條第1款（即謊報火警者）之規定，可處以一定之行政罰鍰。

教育孩子的話

幽默感與惡作劇是不同的，有時玩笑開過頭，不僅不是幽默，而且是害人害己的蠢行，父母要有智慧來區別兩者之不同，並告訴孩子要有幽默感，也可以適度的開玩笑，但千萬不要惡作劇。而沒有任何人是不需要幽默感的，我們的孩子也不例外，幽默感的力量，往往是很神奇、很有魅力的，有幽默感的父母，就容易贏得孩子的心，家中的氣氛也會更好，所以為人父母者，也應該好好學習培養幽默感。

人生加油話

人會爭奪利益，多起於人各有慾望。而人會爭相發言，也多起於各有看法、見解。如果能夠淡定自處，以知識能力來禮讓他人，心中自有無限樂活處。有謂：勿尋人之小過而必究，勿乘人之患難而相攻。寬恕、厚道是人類珍貴的德行，要好好培養而成。

法律笑話

　　有一件交通違規聲明異議的案件，是某女性受處分人騎車載其就讀小六的女兒在上學途中，因未戴安全帽被交通警察攔下開罰單，法官就問受處分人：「妳要聲明異議什麼？」受處分人答：「錢難賺，而且小朋友這麼小，買不到安全帽。」法官說：「那妳自己也應該要戴啊！」受處分人就說：「我戴做什麼？萬一我的小孩出了什麼事情，我也不想活了！」（真是一大堆理由。）

深夜逗留公共遊樂場所篇

案例說明

某班高職生，爲慶祝男同學王思齊生日，決定於學校附近的庭園式KTV包廂內慶生。某周末晚上6時即開始在包廂內慶生活動，因同學玩興甚濃，輪流唱歌、飲酒，一直到深夜2點仍未散會，嗣經人報警處理。

法律分析

（一）我國為促進兒童及少年身心健全發展，保障其權益，增進其福利，特制定兒童及少年福利與權益保障法；該法第2條規定：「本法所稱兒童及少年，指未滿18歲之人；所稱兒童，指未滿12歲之人；所稱少年，指12歲以上未滿18歲之人。」又該法第47條規定：「兒童及少年不得出入酒家、特種咖啡茶室、成人用品零售業、限制級電子遊戲場及其他涉及賭博、色情、暴力等經主管機關認定足以危害其身心健康之場所（第1項）。父母、監護人或其他實際照顧兒童及少年之人，應禁止兒童及少年出入前項場所（第2項）。第1項場所之負責人及從業人員應拒絕兒童及少年進入（第3項）。」

（二）我國為維護公共秩序，確保社會安寧，亦特制定社會秩序維護法；該法第77條規定：「公共遊樂場所之負責人或管理人，縱容兒童、少年於深夜聚集其內，而不即時報告警察機關者，處新臺幣1萬5千元以下罰鍰；其情節重大或再次違反者，處或併處停止營業或勒令歇業。」該條之立法意旨，係以因未成年之兒童及少年應受特別之保護，使之能於健全之生活環境成長，故針對特定時間（如深夜時間）或環境，禁止兒童及少年聚集、逗留，進而規範特定場所之負責人或管理人不得縱容兒童及少年於深夜聚集其內而容允逗留，同時使之負有報告警察機關之義務，實為保護兒童及少年所必須之事項，故經由法律之明文而規範之。又依違反社會秩序維護法案件處理辦法第9條規定：「本法所稱深夜，係指凌晨0時至5時而言。」是公共遊樂場所之負責人或管理人，依法應於每日凌晨0時前，勸導兒童及少年離開該公共遊樂場所返家休息，以維護兒童、少年之身心健康及安全，如有兒童或少年不聽勸導離去者，公共遊樂場所之負責人或管理人即應於凌晨0時立刻報告警察機關處理。

（三）是依照兒童及少年福利與權益保障法第47條的規定，凡是屬於酒家、特種咖啡茶室、成人用品零售業、限制級電子遊戲場及其他具有妨害少年身心健康性質之場所，無論是一般時段或深夜，未滿18歲之兒童及少年均不可出入。另社會秩序維護法第77條規定，公共遊樂場不得縱容兒童、少年於深夜聚集其內，故除上述兒童及少年福利與權益保障法規範之場所外，其他如ＫＴＶ、網路咖啡店、撞球

場、保齡球館等遊樂場所，兒童、少年均不可於深夜0時以後逗留於內。

結語

在本案中，庭園式KTV係屬於視聽歌唱場所，屬於娛樂業，且為對不特定人等開放之公共場所，應屬社會秩序維護法第77條之公共遊樂場所，該等場所之負責人或管理人如有縱容兒童、少年於深夜聚集其內，而不即時報告警察機關者，即有本條文之適用，亦即可處以新臺幣1萬5千元以下罰鍰；其情節重大或再次違反者，可處或併處停止營業或勒令歇業等之行政處分，但並無任何刑事責任之可言。

教育孩子的話

父母在與孩子溝通的時候，要多多鼓勵孩子表達自己的想法與意見，細心去觀察、體會孩子話中的意思，且應避免使用說教、命令、責備、訓斥等口氣說話，並且不要強迫孩子接受自己的意見。父母要有聆聽孩子說話的修養，且要把自己對孩子的感受，運用智慧，適切的說出來。

人生加油話

幸福必須是感恩、惜福與知足，要擁抱幸福，其實不難，就從珍惜你所擁有的開始，用心去領受生活的點點滴滴，小小的滿足，就能成就大大的幸福，學著用幸福的態度過生活，不論失敗、低潮或是不如意，只要想著一定要幸福，一切的不如意都不會持續太久的。

法律笑話

　　法官有一天到某夜市吃宵夜，看見招牌上寫著「花枝蝦卷」，就叫了一份來吃。結果裡面根本沒有花枝，覺得被騙了，就問老闆娘：「為什麼我的花枝蝦卷裡面都沒有花枝呢？」老闆娘就笑盈盈地說：「拍謝啦（台語）！花枝是我的名字啦！」（這有沒有使用詐術呢？如果此花枝蝦卷的價格沒有比一般蝦卷貴，似乎很難成立詐欺。這也難怪太陽餅，我們也沒有吃到太陽，長頸鹿美語，也不是長頸鹿在教美語。）

購買菸品、酒類、檳榔篇

案例說明

國中3年級之陳建文、李明芳、林大同下課後，共同前往學校附近的檳榔攤購買長壽香菸、高粱酒及檳榔食用，嗣經人檢舉查獲。

法律分析

（一）我國為防制菸害，維護國民健康，特制定菸害防制法；於該條例第12條規定：「未滿18歲者，不得吸菸（第1項）。孕婦亦不得吸菸（第2項）。父母、監護人或其他實際為照顧之人應禁止未滿18歲者吸菸（第3項）。」該條例第13條規定：「任何人不得供應菸品予未滿18歲者（第1項）。任何人不得強迫、引誘或以其他方式使孕婦吸菸（第2項）。」而菸害防制法第28條規定：「違反第12條第1項規定者，應令其接受戒菸教育；行為人未滿18歲且未結婚者，並應令其父母或監護人使其到場（第1項）。無正當理由未依通知接受戒菸教育者，處新臺幣2千元以上1萬元以下罰鍰，並按次連續處罰；行為人未滿18歲且未結婚者，處罰其父母或監護人（第2項）。第1項戒菸教育之實施辦法，由中央主管機關定之（第3項）。」菸害防制法第29條

規定：「違反第13條規定者，處新臺幣1萬元以上5萬元以下罰鍰。」

(二) 又兒童及少年福利與權益保障法第43條規定：「兒童及少年不得為下列行為：一、吸菸、飲酒、嚼檳榔。二、施用毒品、非法施用管制藥品或其他有害身心健康之物質。三、觀看、閱覽、收聽或使用有害其身心健康之暴力、血腥、色情、猥褻、賭博之出版品、圖畫、錄影節目帶、影片、光碟、磁片、電子訊號、遊戲軟體、網際網路內容或其他物品。四、在道路上競駛、競技或以蛇行等危險方式駕車或參與其行為（第1項）。父母、監護人或其他實際照顧兒童及少年之人，應禁止兒童及少年為前項各款行為（第2項）。任何人均不得供應第1項之物質、物品予兒童及少年（第3項）。」而兒童及少年福利與權益保障法第91條規定：「父母、監護人或其他實際照顧兒童及少年之人，違反第43條第2項規定，情節嚴重者，處新臺幣1萬元以上5萬元以下罰鍰；其未禁止兒童及少年為第43條第1項第2款行為者，並得命其接受8小時以上50小時以下之親職教育輔導（第1項）。供應酒或檳榔予兒童及少年者，處新臺幣3千元以上1萬5千元以下罰鍰（第2項）。供應毒品、非法供應管制藥品或其他有害身心健康之物質予兒童及少年者，處新臺幣6萬元以上30萬元以下罰鍰（第3項）。供應有關暴力、血腥、色情或猥褻出版品、圖畫、錄影節目帶、影片、光碟、電子訊號、遊戲軟體或其他物品予兒童及少年者，處新臺幣2萬元以上10萬元以下罰鍰（第4項）。」

(三) 由上述可知，任何人不得供應菸品、酒類及檳榔予未滿18

歲之兒童及少年，若有違反者，自應依菸害防制法、兒童及少年福利與權益保障法上述規定處罰。

結語

抽菸、喝酒、吃檳榔，經過多年實證經驗顯示，確實均會對人體健康產生重大的危害。而拒絕菸、酒及檳榔更是政府多年宣導的政策，為達保護兒童及少年之目的，特別針對供應菸、酒、檳榔予兒童及少年者，於菸害防制法、兒童及少年福利與權益保障法訂定相當之行政罰則，以避免兒童及少年過早接觸菸、酒、檳榔，影響其身體之健全發育。

教育孩子的話

當孩子有好的表現時，就應該立刻讚美，使孩子得以持續好的行為；且應具體說出孩子的好表現行為，例如：你今天讓座給孕婦、陪同老太太過馬路、房間整理清潔的很乾淨等等，使孩子明白自己哪裡做好。儘量避免使用抽象浮誇的讚美，例如：你表現太好了，沒有人可以做得比你好等等。讚美孩子時，態度、言語一定要真誠，若再加上一些肢體動作，充分表達內心開心的感受，相信孩子就能朝著我們讚美的方向發展。

人生加油話

人際關係往往都是建立在彼此信任的基礎上，有謂：人之交往，以信為本，人無信不立。信任很像一張紙，如果皺了，即使撫平了，也恢復不了原來的樣子。人言而無信，便一錢不值。可見信用的重要性，而要取得他人信任，則須靠長期持續的累積經營，絕不是一朝一夕可成。

法律笑話

有一位鄉下老太太要搭乘火車北上找兒子，到了車站之後，因適逢選舉將屆，車站掛了許多檢察署宣傳反賄選的標語。而在車站招牌處掛著最醒目的標語，竟讓這位老太太不知要如何買票，該標語是這樣寫著：「親愛的鄉親，買票是犯法，賣票也有罪。」老太太一臉茫然問：「誰能告訴我要去哪裡買票才能搭車呢？」

案例 **28**

教室公然嘿咻，錄影傳送篇

案例說明

男高職生王俊宏與女同學陳怡芳為年僅15歲餘之小情侶，竟在同班同學起閧下，在多名同學面前嘿咻，且過程被在場之男同學張大雄以手機偷偷錄影拍下，張大雄同學並將之傳給他人欣賞，事後為老師查知。

法律分析

（一）隨著社會愈來愈進步開放，青少年容易接觸到A片或色情光碟，也常因一時好奇，在未考慮後果之情況下，發生偷嚐禁果的行為。根據衛生署國民健康局100年調查，發現有百分之15的高中職生曾和別人發生性行為。另根據家扶中心在民國101年中所公布一份「青少年身體自主」的調查，發現調查的全台兩千多名，12至18歲之青少年，超過兩成不知偷嚐禁果犯法。從本案高職生王俊宏、陳怡芳雖為男女朋友關係，竟於同學起閧下，即在教室內當眾做愛，同班同學張大雄並以手機偷偷錄影後傳送他人欣賞，益加突顯青少年的性觀念開放及對法律常識的薄弱，應正視此一問題的嚴重性。

（二）我國為保障個人性自主自由，如果以非法方法，於違反他

人之意願下為性交之行為，即構成刑法第221條第1項之強制性交罪。但本案王俊宏與陳怡芳既為男女朋友關係，且係因同學起鬨下始發生性行為，王俊宏自然不是以非法方法對陳怡芳性交，並不構成強制性交罪。但如前所言，我國為了保護青少年身心健康，因青少年發育未臻完全，對於性行為的意義與可能的後果，未能嚴肅面對，也就是青少年對於性的同意自主能力，還是處於不夠健全的狀態，所以刑法第227條規定合意性交與合意猥褻罪，即：「對於未滿14歲之男女為性交者，處3年以上10年以下有期徒刑（第1項）。對於未滿14歲之男女為猥褻之行為者，處6月以上5年以下有期徒刑（第2項）。對於14歲以上未滿16歲之男女為性交者，處7年以下有期徒刑（第3項）。對於14歲以上未滿16歲之男女為猥褻之行為者，處3年以下有期徒刑（第4項）。第1項、第3項之未遂犯罰之（第5項）。」亦即雖然得到同意，但只要與未滿16歲之人性交或猥褻，法律就會處罰。本案王俊宏、陳怡芳均為15歲餘之人，他們合意性交之行為，已構成刑法第227條第3項之合意性交罪。而由於合意性交與合意猥褻罪，很多是發生在年幼的同輩間，尤其在青春期出於性的好奇，於彼此熟識的同學或鄰居間，很有可能在日久生情相戀下自願發生性行為，法律為了避免過於嚴苛，乃於刑法第227條之1明定：「18歲以下之人犯前條之罪者，減輕或免除其刑。」而且未滿18歲之人犯此罪，也是屬於告訴乃論（刑法第229條之1參照），亦即要被害人或其法定代理人（如家長）提出告訴，司法才會介入受理，且提出告訴後，於第一審辯論終

結，亦得撤回告訴（刑事訴訟法第238條第1項參照）。

（三）又如前所述，刑法第234條公然猥褻罪之犯罪構成要件要素，已由「公然為猥褻之行為」之規定，修正為「意圖供人觀賞，公然為猥褻之行為」，增列「意圖供人觀覽」之主觀犯罪構成要件要素。此一修正，使公然猥褻的適用範圍變小。而刑法分則之所謂「公然」係指不特定人或多數人得以共見共聞之狀態（司法院院字第2033號解釋，司法院大法官會議釋字第145號解釋參照）。所謂猥褻，依實務見解，係指姦淫以外有關風化之一切色慾行為而言（最高法院27年上字第558號判例要旨參照），此項行為必須在客觀上足以引起他人之性慾。在本案中，高職生王俊宏、陳怡芳在同學起鬨下，即在多名同學面前做愛，顯係在多數人得以共見共聞之狀態下，為足以引起他人性慾之行為，亦有供人觀覽之意圖，應已構成意圖供人觀覽，公然為猥褻之行為罪，並與其等所犯之上開合意性交罪，屬於一行為觸犯上開兩罪名，為想像競合犯（刑法第55條參照），應從一重之合意性交罪處斷。

（四）至於在王俊宏、陳怡芳做愛過程中，偷偷以手機錄影拍下並傳送給他人欣賞的張大雄，則係觸犯兒童及少年性交易防制條例第27條第1項、第28條第1項之罪，亦即「拍攝、製造未滿18歲之人為性交或猥褻行為之圖畫、錄影帶、影片、光碟、電子訊號或其他物品者，處6月以上5年以下有期徒刑，得併科新臺幣50萬元以下罰金。」（第27條第1項）、「散布、播送或販賣前條拍攝、製造之圖片、影片、影帶、光碟、電磁紀錄或其他物品，或公然陳列，或

以他法供人觀覽、聽聞者,處3年以下有期徒刑,得併科新
臺幣5百萬元以下罰金。」(第28條第1項)

結語

本案王俊宏、陳怡芳為高職生情侶,僅因在同學起鬨下,即
當眾公然做愛,張大雄同學偷偷以手機錄下王俊宏、陳怡芳做愛
過程後,竟傳送他人欣賞,顯見青少年法治觀念淡薄,竟均渾然
不知已觸法,實有必要加強校園法治之教育。

教育孩子的話

教養孩子沒有放諸四海皆準的方法策略,因為每個孩子都有
其不同獨特性;但孩子需要關愛,需要安全感,則是相同
的,父母必須提供安全的環境,時時關愛孩子,使孩子得以
正向順其生命的發展。父母能夠精準掌握與孩子共同相處的
氣氛,是一件很幸福的事。所以當孩子在身旁時,應該用珍
惜的態度和他們相處。

人生加油話

溝通最有效的方法是傾聽，與人溝通並不是為了要努力改變對方，而是要找到彼此都能理解、諒解的地方。而人與人之間最遙遠的是想法，並不是距離，只要彼此都能體會及體諒對方的立場，相信溝通不難。

法律笑話

　　律師問女證人：「妳有幾個小孩？」女證人答：「4個。」律師再問：「幾個男孩？」女證人說：「沒有男孩」。律師繼續問：「那有女孩嗎？」，女證人答：「我如果沒女孩，我不就生出4個怪物嗎？拜託。」

校園常見的刑事法律案件

師長篇

案例 **1**

黃色笑話性騷擾篇

案例說明

綽號「黃帝」的黃志偉老師，經常在課堂上講黃色笑話。某日，黃老師講黃色笑話的內容，讓班上女學生王美玲感到不舒服，王美玲乃鼓起勇氣舉手向黃老師反應，希望老師不要再講了。黃老師卻說：妳很沒幽默感喔！然後不顧王美玲的感受，繼續再講了幾個黃色笑話，王美玲當場放聲大哭，黃老師始驚覺事態嚴重，前往安撫王美玲，並以手搭在王美玲肩上輕拍，使王美玲更加不悅。

法律分析

（一）如前所述，我國為防治性騷擾及保護被害人之權益，特制定性騷擾防治法。該法所稱性騷擾，係指性侵害犯罪以外，對他人實施違反其意願而與性或性別有關之行為，且有下列情形之一者：一、以該他人順服或拒絕該行為，作為其獲得、喪失或減損與工作、教育、訓練、服務、計畫、活動有關權益之條件。二、以展示或播送文字、圖畫、聲音、影像或其他物品之方式，或以歧視、侮辱之言行，或以他法，而有損害他人人格尊嚴，或造成使人心生畏怖、感受敵意或冒犯之情境，或不當影響其工作、教

育、訓練、服務、計畫、活動或正常生活之進行（性騷擾防治法第2條參照）。但關於性騷擾成為刑事犯罪者，其構成要件及處罰，僅於該法第25條規定：「意圖性騷擾，乘人不及抗拒而為親吻、擁抱或觸摸其臀部、胸部或其他身體隱私處之行為者，處2年以下有期徒刑、拘役或科或併科新臺幣10萬元以下罰金（第1項）。前項之罪，須告訴乃論（第2項）。」亦即性騷擾的意義雖甚為廣泛，但會構成犯罪者，則僅限於該法第25條之情形。

（二）按目前性騷擾防治法並未規定精神騷擾或言語騷擾是有罪的，必須有觸碰對方的身體，如親吻、擁抱或觸摸臀部、胸部或其他隱私處之行為，始會構成性騷擾犯罪。而黃色笑話並不是每個人都想聽，所以並不適合在課堂上對每個同學說。在本案中，黃志偉老師講黃色笑話，既然使得女學生王美玲感到不舒服，已符合性騷擾防治法第2條所指性騷擾情形，但單純講黃色笑話，並未觸碰對方身體，自不構成性騷擾犯罪，王美玲僅可提出申訴及請求民事損害賠償。另外，黃志偉老師未經王美玲之同意，即以手搭在王美玲之肩膀，也令王美玲感到身體被冒犯而不悅，亦會構成性騷擾。但因肩膀似非身體之隱私部位，黃志偉老師也未對王美玲親吻、擁抱或觸摸臀部、胸部或其他隱私處之行為，亦不構成性騷擾犯罪。而從性騷擾防治法上述規定觀之，性騷擾者縱未構成刑事犯罪之情形，仍負有民事賠償及行政罰鍰責任。

結語

　　老師為人師表，應注意平日言行舉止，是否合宜，有時為使上課活潑、有趣，言語詼諧，欲罷不能，在所難免。但若已引起在場人不悅，應立即停止容易被人認為冒犯之言語或動作，以避免性騷擾事件之發生。講講黃色笑話固可帶動團體氣氛，但應視場合、時機、對象等狀況而為，不可一廂情願地認為無傷大雅。在本案中，黃志偉老師所為，顯已違反女學生王美玲意願，而與性有關之言語、行為，造成使王美玲感受冒犯之情境，不當影響其教育及正常生活之進行，已構成性騷擾，黃志偉老師應負民事及行政責任，但因黃志偉老師講黃色笑話及以手搭在王美玲之肩膀，並非觸碰王美玲之隱私部位，尚未構成性騷擾刑事犯罪。

教育孩子的話

　　父母應該對孩子強調品格的重要，品格稍有偏差，即應導正。而父母如果期待孩子將來能夠成為優秀的人，千萬不能揠苗助長。雖然希望孩子活潑快樂，但也不能因而疏於管教。如果希望孩子有自信、有毅力，就要讓孩子勇於接受挑戰及冷靜面對失敗的挫折。

人生加油話

人應該儘可能設法努力，培養自己具有不會輕易生氣的人格。因為人一生氣，就很難理性回應，幸福就會遠離，而任何忿怒都無法正當合理化，不能有藉口。沒有任何忿怒是理所當然的，故一定要戒怒。

法律笑話

　　律師在法庭上詰問目擊兇殺案之證人，律師問：「你認識警方在現場蒐證時所拍的相片上的這個人嗎？」證人答：「那個人是我。」律師再問：「警方在拍攝那張相片時，你有在場嗎？」證人答……（怎麼會有這種問題？我如果不在現場，警方能照得到我嗎？）

體罰學生成傷篇

案例說明

國三男學生楊智鴻因上課遲到、作業未交，又上課講話，遭導師周振平以「愛的小手」打手心10下，及處罰交互蹲跳10下，除造成楊智鴻手部瘀血外，楊智鴻也於交互蹲跳過程中，不慎滑倒，造成受有頭部腦震盪之傷害。家屬了解原委後，對導師周振平提出傷害告訴及民事賠償。

法律分析

（一）老師為維護教室的秩序，對於有違反秩序行為的學生給予一定之懲罰，是無法避免的現象，但應該如何懲罰及懲罰至何種程度，必須以有相關法律規定而定，且其前提應係以不得逾越法律所規定之範圍為準。按我國民法第1085條規定：「父母得於必要範圍內，懲戒其子女。」是父母對其子女雖有懲戒權，但必須在必要範圍內始可為之，屬於親權之一部分；若逾越必要範圍，則為親權濫用，仍會構成刑事犯罪。而關於老師體罰學生，在目前的相關法規中，並未找到相當的法令依據，也就是說，老師對學生體罰，即使具有充分之理由，體罰方法亦屬適當，仍是法律所不允許的行為。

(二) 體罰，顧名思義，就是身體的處罰，其所侵害者，即係侵害學生的身體自由權。按我國憲法第8條第1項規定：「人民身體之自由應予保障。除現行犯之逮捕由法律另定外，非經司法或警察機關依法定程序，不得逮捕拘禁。非由法院依法定程序，不得審問處罰。非依法定程序之逮捕、拘禁、審問、處罰，得拒絕之。」亦即對於身體之懲罰，須由法院依法定程序，始得審問處罰，老師體罰學生，並未符合憲法上述規定，故係侵害學生的人身自由權。而老師體罰學生，可能構成的刑事責任，會依其實際體罰的態樣、結果而構成傷害罪（含致死或致重傷，即刑法第277條參照）及過失傷害罪（含致重傷，即刑法第284條第1項參照）兩大犯罪類型。在本案中，導師周振平以「愛的小手」打男同學楊智鴻手心10下，並造成楊智鴻手部瘀血。導師周振平此部分所為，在客觀上，足以造成傷害楊智鴻身體或健康之結果，應認為導師周振平具有普通傷害之故意，亦確實造成傷害之客觀結果，故成立普通傷害罪。而導師周振平處罰楊智鴻交互蹲跳10下，因楊智鴻不慎跌倒，造成楊智鴻受有頭部腦震盪。因處罰交互蹲跳10下，一般情形，不足以造成傷害，導師周振平應無傷害楊智鴻之犯意，但導師周振平對於此種體罰方式，稍有不慎，有可能造成傷害的結果，應有預見，且負有防止發生的義務。我國刑法第15條規定：「對於犯罪結果之發生，法律上有防止之義務，能防止而不防止者，與因積極行為發生結果者同（第1項）。因自己行為致有發生犯罪結果之危險者，負防止其發生之義務（第2項）。」如果怠於防止，致生傷害之結果，即應負過失傷害的刑事責任。若楊智鴻之

頭部腦震盪，已對其身體或健康，達到有重大不治或難治之傷害，則導師周振平構成過失致重傷害罪。

結語

老師體罰學生，在現行法律上，並無任何法律依據，也因為是侵害到學生受憲法保障的身體自由，為法律所不允許的行為，還有可能構成刑法上之傷害及過失傷害等罪，尚須負行政上之懲戒責任及民事上之損害賠償責任。故從事教育工作者，除傳授學生知識外，亦應有尊重學生身體自由及遵守法治之觀念，縱有任何冠冕堂皇的教育上理由施以體罰，充其量，僅是供法院量刑的參考而已，並不影響其犯罪之成立。

教育孩子的話

父母對於孩子各方面的反應都要十分敏銳，尤其是在處理孩子情緒方面的需要，更不要輕忽，要儘量去滿足孩子合理的請求，給予孩子充分的安全感，孩子才會更有信心。而能夠了解孩子的能力與需要，且提供適當的學習機會，使孩子學得知識、適當的社交技巧和處理情緒的能力，才是盡責的父母。

人生加油話

能為別人多留一點點情面，其實也是預留給自己的。人生的事情，很不一定，是誰也說不準的，要留下可供轉圜的餘地，時時提醒自己，話不可說死，事不可做絕。真正有智慧的人，是會給對方保留相當大的回旋空間，絕不會輕易地進逼傷害對方。

法律笑話

　　原告的律師在代理離婚訴訟中詢問被告：「麻煩請你告訴我，你的前次婚姻是什麼原因結束的？」被告答：「原因是死亡。」律師再問：「請問是誰死亡才結束婚姻的？」被告：……（難道是家裡養的小貓、小狗、小白兔或金魚死掉嗎？）

禍從口出公然侮辱篇

案例說明

王世宗為某高中數學老師，某日在上課時，見男學生陳明國趴在桌上睡覺，為使陳明國當眾出糗，故意出難解數學題在黑板上，並搖醒陳明國上臺解題。陳明國因不會而呆站於講臺旁，王世宗老師即以言語罵稱：「這麼簡單的題目都不會，你是豬啊！白癡，幼稚，如果不會就不要給我趴在桌上睡覺！」陳明國同學深覺人格受辱，憤而提告。

法律分析

（一）我國妨害名譽罪，最常見的是侮辱罪與誹謗罪，如前所言，侮辱是未指明具體事實，而以抽象之謾罵以致貶低他人之人格。例如：公然罵人三字經、神經病、不要臉、無恥、白癡、豬等等，均構成公然侮辱罪。如以強暴之方式侮辱他人者，還要加重處罰，例如對人潑糞洩憤、當街打人耳光等等者都是（刑法第309條參照）。而誹謗是指摘具體事實，損害他人名譽。例如：指摘某有夫之婦與人通姦、某教授抄襲他人著作、某法官收受賄賂等，均構成誹謗罪（刑法第310條參照）。凡是未指出具體之事實為抽象之謾罵者，為侮辱罪。如對具體事實有所指摘，損及他人

名譽者，則為誹謗罪。是侮辱並未涉及具體之事實，自無捏造事實之問題；而誹謗則因涉及具體事實，與指摘是否真實有關。

（二）名譽是指具有人格者，在社會生活中所受的一切評價。而妨害名譽罪中之侮辱罪，必須公然為之，才能成罪；如果私下開罵，即不成罪。在本案中，王世宗老師對陳明國同學罵稱：「你是豬啊！白癡、幼稚」等語，足以貶損陳明國同學之人格，且王世宗老師係於課堂上為上開言語，已使多數人共見共聞此情，符合公然侮辱罪之構成要件。

結語

　　每個人都有其獨立之人格，不容漠視，尊敬他人，即能立於不敗之地。每個人都可以成為自己的導師，學會尊重他人，即是善待自己。尤其老師作育英才，更應注意自己平日的言行，身教重於言教，縱有再冠冕堂皇教育上的理由，亦不能掩飾自己不當的言行。而在學生成長學習階段，為形塑其完整獨立人格，尤應避免傷害其自尊、名譽之舉措。本案中，王世宗老師在教室內當面以「你是豬啊」、「白癡」、「幼稚」等語辱罵陳明國同學，顯係以抽象的言語，使陳明國同學難堪，足以貶損陳明國同學在社會之人格及地位，已構成公侮辱罪甚明。

教育孩子的話

模仿是孩子學習的方法之一。父母希望孩子講話講得正確、得體，必須先要從自己本身做起。說話要清清楚楚、明明白白，要用眼睛柔和的注視著對方，臉部表情和身體動作姿勢也要合適，並使用淺顯易懂的語句，這些都可以成為孩子的好榜樣。

人生加油話

有才情而個性和緩，才屬於大才；有智慧而心平氣和，才屬於大智。一個人真正的格局氣度，就在於以如何態度對待眾人，尤其是對於那些對自己一點好處也沒有的人。

法律笑話

　　律師在一件偽造文書案件中，詰問證人：「幫你辦理過戶的代書是幾歲的人？」證人答：「大概50幾歲。」律師再問：「長得如何（什麼樣子）？」證人答：「我是要說長得像劉德華、張學友、曾志偉？還是要說他長得很帥、很醜？還是圓或扁？」（證人實在不知道律師為什麼要問這個問題。）

案例 **4**

觸碰身體性騷擾及合意猥褻篇

案例說明

男老師葉明瑞為某國中桌球隊教練，藉著指導學生練球之際，見男國中生周智勝少不更事，單獨帶周智勝至其位於桌球室旁之小房間內，要求周智勝褪下身上衣褲。周智勝以為係檢查身體而服從老師葉明瑞之要求，並未加以回絕。葉明瑞即親吻周智勝之臉頰，且自後以手由上而下撫摸周智勝之屁股，並停留於周智勝之屁股約5秒，造成周智勝感到嫌惡及不舒服，葉明瑞老師另以手撫摸周智勝的陰莖，進而幫周智勝手淫直至射精為止。

法律分析

（一）如前所述，關於性騷擾會構成刑事犯罪者，僅限於性騷擾防治法第25條規定之情形，即「意圖性騷擾，乘人不及抗拒而為親吻、擁抱或觸摸其臀部、胸部或其他身體隱私處之行為者，處2年以下有期徒刑、拘役或科或併科新臺幣10萬元以下罰金（第1項）。前項之罪，須告訴乃論（第2項）。」且從性騷擾防治法第2條的規定來看，性騷擾行為的構成與否，是以其有無違反被害人之意願為主觀要件，且此主觀要件應由被害人之立場，而非由加害人之認知來認定；在客觀要件上，如該行為已冒犯或侵擾被害人個人

的人格尊嚴、生活活動或正常工作表現時，即會構成性騷擾。故在本案中，葉明瑞老師親吻周智勝同學之臉頰、撫摸周智勝同學之屁股，既已使周智勝同學感到嫌惡及不舒服，自構成上開性騷擾刑事犯罪。

（二）又猥褻一詞屬於評價性之不確定法律概念，而猥褻之概念，頗具流動性，每受時代演進與環境變遷之影響，其認定標準，自應依當時該社會之倫理規範為準據，亦即依當時社會一般人之健全常識，即社會通念，就客觀行為事實決定之（參見周冶平，刑法各論，第473頁）。在司法實務上，所謂猥褻，指客觀上足以刺激或滿足性慾，須以引起普通一般人羞恥或厭惡感而侵害性的道德感情，有礙於社會風化者為限（司法院大法官會議釋字第407號、第617號解釋意旨內容參照）。猥褻係指姦淫以外有關風化之一切色慾行為而言（最高法院27年上字第558號判例要旨參照），即行為人在主觀上有色慾的意念，係為滿足自己之性慾，在客觀上得認該行為足以引起他人性慾之色慾動作。

（三）在我國刑法中，得到他人同意而為猥褻行為，會構成犯罪者，有刑法第227條第2項、第4項及第228條第2項規定之情形，即刑法第227條規定：「對於未滿14歲之男女為猥褻之行為者，處6月以上5年以下有期徒刑（第2項）。對於14歲以上未滿16歲之男女為猥褻之行為者，處3年以下有期徒刑（第4項）。」刑法第228條規定：「對於因親屬、監護、教養、教育、訓練、救濟、醫療、公務、業務或其他相類關係受自己監督、扶助、照護之人，利用權勢或機會為性交者，處6月以上5年以下有期徒刑（第1項）。因前項情形而為猥褻之行為者，處3年以下有期徒刑（第2項）。」何

以經過他人同意，還會構成犯罪？就刑法第227條第2項、第4項所規定之合意猥褻罪而言，理由應是年幼者不能嚴肅體會性行為的意義與可能的後果，其同意有極大瑕疵，等於不自由而做決定；而刑法第228條利用權勢猥褻罪，是要警告社會關係不對等的優勢者，不能利用自己的優勢地位而與劣勢者有猥褻接觸（參見林東茂，刑法綜覽，一品文化出版社出版，民國96年9月修訂5版，第2-74頁至2-76頁）。如果被害人不同意，而以強制手段為之，則構成刑法第224條之強制猥褻罪，自不待言。在本案中，葉明瑞老師以手撫摸周智勝同學的陰莖，此行為在客觀上足以刺激或滿足性慾，且足以引起普通一般人羞恥或厭惡感而屬於侵害性的道德感情，有礙於社會風化，應屬猥褻行為，而從周智勝同學讓葉明瑞老師手淫直至射精為止，應可認葉明瑞老師並非以強制手段為之，此時，葉明瑞老師即應視周智勝同學之實際年齡為何，而構成刑法第227條第2項、第4項之合意猥褻罪。且因葉明瑞為老師，並為桌球隊教練，周智勝係屬因教育、訓練關係而受其監督、扶助、照顧之人，葉明瑞老師利用於此而為猥褻行為，似亦構成刑法第228條之利用權勢猥褻罪。但我國實務上認為，刑法第227條第2項之猥褻罪，係以被害人之年齡為其特殊要件，苟被害之男女，為14歲以上未滿16歲，縱行為人係利用權勢，對於服從自己監督之人為之，亦應認為被吸收於上開條項犯罪之內，而無適用第228條罪之餘地（最高法院77年度台上字2080號判決要旨參照），亦即不再論以刑法第228條之利用權勢猥褻罪。

結語

　　法律條文係由文字所組成，而文字本身有其表達的極限，或有些是抽象之概念，無法以文字涵括其意涵。因此，允許司法機關就此等抽象概念，在具體個案中，作個別之解釋，以符合法律規範之意旨。而前述之抽象概念，就是所謂的不確定法律概念。在本案中，性騷擾與猥褻，就都是屬於不確定法律概念，其意義並非一般人難以理解，且為受規範者所得預見，並可經由司法審查加以確認，與法律明確性尚無違背。在本案中，葉明瑞老師無故親吻周智勝同學臉頰，撫摸周智勝同學屁股，均構成性騷擾防治法第25條之犯罪。而葉明瑞老師以手撫摸周智勝同學之陰莖，進而幫周智勝同學手淫直至射精之行為，則構成對於未成年人合意猥褻罪。

教育孩子的話

　　父母如果在管教孩子上，呈現意見不一致時，應儘量避免在孩子面前爭吵、鬥嘴；應該平心靜氣，就事論事，私下溝通調整。且應避免在孩子面前，責備、批評對方的管教方式。而父母自己本身，也應避免因情緒或其他原因，表現出前後不一致或矛盾的管教態度，否則，無法獲得孩子的真心認同。

人生加油話

人要三思而後行，一個人做事，如果是快半拍，可能只是機伶；但如果是慢半拍，不見得是笨拙，有可能是真正的智慧。人生要多學習穩重、謹慎、內斂的修行。而缺憾是天地萬物間共通的特性，實在不必太在意。要珍視自己現在所擁有的，遺忘自己所沒有的。

法律笑話

有一位先生因駕車闖紅燈違規，被警察攔停下來開單，警察說：「先生，你沒有看到紅燈嗎？」該先生回答：「有啊。」警察說：「那你為什麼不停車？」該先生回答：「那是因為我沒看到你，趕快開單吧！」後來警察在紅單的違規事由欄內寫下：「紅燈仍然直直走。」（原來警察忘了「闖」字要怎麼寫了。）

案例 **5**

飼養土狗咬傷他人篇

案例說明

彭明松爲國中老師，住於學校附近，家中飼養黑色土狗1隻。某日下課後，彭明松帶該黑色土狗前往學校運動，彭明松於操場上慢跑時，因未替該狗戴口罩，亦未將狗栓以鐵錬、繩索，致女國中學生黃美珠晚自習後，行經操場時，突然被該土狗衝上前咬傷，致黃美珠受有右手腕之傷害。

法律分析

（一）按我國刑法第15條規定：「對於犯罪結果之發生，法律上有防止之義務，能防止而不防止者，與因積極行為發生結果者同（第1項）。因自己行為，致有發生犯罪結果之危險者，負防止其發生之義務（第2項）。」而刑法上過失不純正不作為犯之成立要件，係居於保證人地位之行為人，因怠於履行其防止危險發生之義務，致生構成要件之該當結果，即足當之（最高法院83年度台上字第4471號判決要旨參照）。又刑法第284條第1項規定：「因過失傷害人者，處6月以下有期徒刑、拘役或5百元以下罰金。致重傷者，處1年以下有期徒刑、拘役或5百元以下罰金。」

（二）復按動物保護法第7條規定：「飼主應防止其所飼養動物無

故侵害他人之生命、身體、自由或財產。」同法第20條規定：「寵物出入公共場所或公眾得出入之場所，應由7歲以上之人伴同（第1項）。具攻擊性之寵物出入公共場所或公眾得出入之場所，應由成年人伴同，並採取適當防護措施（第2項）。」從而，動物飼主對於其所飼養之動物負有防止發生其無故侵害他人生命、身體等法益之危險之作為義務，於出入公共場所或公眾得出入之場所中，並負有採取適當防護措施，以避免發生前揭法益侵害之作為義務。若未盡其防護義務，而對他人之法益造成危險者，即負有防止危險發生之義務，此等違背義務之危險前行為，即構成不純正不作為犯之保證人地位。

（三）學校操場，是供給多數人使用或集合之場所，屬於公共場所，彭明松老師所有之土狗於操場內活動，致該狗衝往咬傷女學生黃美珠之前，彭明松老師並未實施任何防護措施或作為。換言之，當時該犬並未繫上鎖鍊或繩索，亦未戴上口罩，致該犬衝往咬傷女同學黃美珠之際，無法以鎖鍊或繩索制止其行動，或以口罩限制其嘴部動作，或有伴同之人及時攔阻之。在本案中，彭明松老師依前開法律對於該犬應為如何之防護措施負有注意義務，對於如何防止行經操場之人之生命、身體安全之遭該犬侵害亦負有客觀注意義務，從而即居於保證其責任範圍內他人之生命、身體安全不致發生危險結果之保證人地位。彭明松老師既未採取適當防護措施，即係以不作為之方式違背法律所定之作為義務，具有客觀注意義務之違反性，應堪認定。彭明松老師應注意，能注意而不注意，並未能採取適當之防護措施，復未自行或委人伴同該犬，又未將犬隻關妥於狗籠內

或繫上頸鍊、繩索或套上口罩，也未採取其他防護措施以避免該犬侵害他人之生命、身體等法益，致該犬咬傷女學生黃美珠，自應負過失之責任。且其過失行為，與女學生黃美珠受傷之結果間，有相當因果關係。

結語

豢養動物為寵物，有時也是危險源，飼主應有監督義務，如豢養的犬隻咬傷他人，如有過失，即應注意、能注意，而不注意者，即應負過失傷害罪責，不可不慎也。

教育孩子的話

父母千萬不要遇事就自怨自艾、愁眉苦臉。若遇到困難時，不要擔心害怕讓孩子知道。若情況可以的話，也可請孩子加入討論，提供意見，一起共同解決，然後謝謝孩子的關心、意見，並且告訴孩子，會勇敢面對困難，且有信心可以克服難關，孩子就能從中學習勇敢面對困難的態度。

人生加油話

對於自己的內在品格，應該比外在的名譽更加重視，因為品格才是真正的自己，也是自己可以完全掌握的，自己若是要做紳士、淑女，是別人無法阻止的。而名譽只是別人對自己的看法。我們的品格應該高尚些，寧可認錯，不要說謊，寧可吃虧，也不要結怨。

法律笑話

　　律師問證人：「你能描述一下作案歹徒的模樣嗎？」證人答：「沒問題，歹徒身高大約160公分，頭髮長長的，留著兩撇鬍子，膚色有點黑，瘦瘦的……。」律師就打斷證人回答並繼續問：「請再說直接一點，到底是男的還是女的？」證人答：……（有女生留兩撇鬍子的嗎？）

案例 **6**

師生畸戀妨害家庭篇

案例說明

吳曉芳為某國中女老師，已婚，與15歲之男學生郭文進，因日久生情，數次於汽車旅館內做愛。吳曉芳之夫張宗文經由吳曉芳的臉書，發現有男學生郭文進曖昧的留言，內容充滿對吳曉芳老師的迷戀及渴望性愛的感覺，張宗文乃憤而對吳曉芳、郭文進提告。

法律分析

（一）家庭係國家、社會的結構基礎，若無健全的家庭，即無健全的社會與國家。而婚姻又是家庭的開始，為保護家庭的組織與功能，我國刑法第17章乃設有妨害婚姻及家庭罪章，主要在維護一夫一妻的婚姻制度及家庭生活的安全平和。其中刑法第239條規定之通姦罪，即：「有配偶而與人通姦者，處1年以下有期徒刑，其相姦者亦同。」其立法目的，在於保護婚姻的純潔性，若係於婚姻關係外之性行為，即有通姦罪的問題，縱然世界上有許多國家已將通姦行為除罪化，而在國內關於通姦行為應不應該除罪化，亦引起廣泛討論，但無論如何，目前通姦行為仍構成犯罪（司法院大法官會議釋字第554號解釋，亦認為我國刑法第

239條之通姦罪並未違憲）。

（二）而我國為了保護青少年身心健康，且因青少年發育未完全，對於性行為的意義與可能的後果，未能嚴肅面對，也就是青少年對於性的同意自主能力，還是處於不夠健全的狀態，所以刑法第227條規定合意性交與合意猥褻罪，即：「對於未滿14歲之男女為性交者，處3年以上10年以下有期徒刑（第1項）。對於未滿14歲之男女為猥褻之行為者，處6月以上5年以下有期徒刑（第2項）。對於14歲以上未滿16歲之男女為性交者，處7年以下有期徒刑（第3項）。對於14歲以上未滿16歲之男女為猥褻之行為者，處3年以下有期徒刑（第4項）。第1項、第3項之未遂犯罰之（第5項）。」也就是說雖然得到同意，但只要與未滿16歲之人性交、猥褻，法律就處罰。

（三）在本案中，已婚的女老師吳曉芳，與15歲之男學生郭文進發生性行為，對女老師吳曉芳而言，自係於其婚姻關係外發生的性行為，自構成刑法第239條之通姦罪，且因男同學郭文進年僅15歲，未滿16歲，女老師吳曉芳也會構成此刑法第227條第3項之對於14歲以上未滿16歲之男子為性交罪。而吳曉芳因係以同一姦淫行為觸犯上開兩罪名，依刑法第55條前段想像競合犯之規定，從一重罪（即刑法第227條第3項）處斷。而男同學郭文進與已婚之女老師吳曉芳發生性行為，若依上述通姦罪之規定，其係與有配偶之人相姦，似應會犯相姦罪，惟因實務上認為，年幼者（指未滿16歲之男女），並無同意姦淫之意思能力（最高法院66年度台上字第3484號民事判例要旨參照），由於年幼者身心發展尚未成熟，對於性行為沒有完全的同意能力，在立法

政策上乃予以特別的保護，而為刑法妨害性自主罪章（即刑法第16章）的保護對象，亦即與年幼者合意性交者，即構成犯罪，此年幼者即係被害人，故該年幼者縱然故意與有配偶之人性交，因其姦淫行為在法律評價上不具不法性，故不成立相姦罪，否則，會發生同一行為，又是被害人，又是犯罪人之不合理情形。

結語

在本案中，女老師吳曉芳於婚姻關係外，與未滿16歲之男同學郭文進發生姦淫，同時構成刑法第239條之通姦罪及刑法第227條第3項之合意性交罪，依刑法第55條前段規定，應從較重之合意性交罪處斷。而因男同學郭文進既係刑法妨害性自主罪章的保護對象，在實務上，即不再成立相姦罪。

教育孩子的話

對於孩子的關心，應該是在平常時候的安慰、了解、陪伴。父母不該以物質來彌補自己不能關心孩子的缺憾，因為這樣不僅無法使孩子得到真正的關愛，也使得孩子養成物慾的追求。所以父母對於孩子的愛，必須投入時間和心血，如果長時間親密和溝通的愛愈多，孩子的人格發展也會愈健全成熟。

人生加油話

人生處事，一旦涉及名利富貴，往往會產生私心、慾望，且很難戒除，所以要時時修剪慾望，並觀照、堅守自己的價值理念，而人生最重要的，應該是幫助他人，尤其具有專業知識者，更應發揮所學，貢獻、服務眾生，而當我們在幫助別人時，事實上，我們也在幫忙自己。

法律笑話

　　有一件網路詐欺案件，告訴人於法院審理中指稱其為愛狗人士，因從網路上看到有一則販售狗兒廣告，記載有一隻非常優良品種的退役警犬要出售，於是就連絡購買。但不久之後，發現賣方（即被告）送來的是一隻很瘦弱的雜種犬，告訴人乃打電話去大罵賣主：「你這是什麼退役警犬？病懨懨的，我一點都不覺得像。」賣主竟辯稱：「我坦白跟你說好了，其實牠是一隻退役的『便衣』警犬，一直都很善於偽裝身分的，你千萬不要緊張嘛？」（真敢講，話都可以說的天花亂墜。）

案例 **7**

未依法令搜查身體、物品侵害人身自由篇

案例說明

鄭三吉為高中老師，因覺得其班上學生吳新生，上課常常精神委靡或行為怪異，懷疑吳新生可能持有毒品。某日突然於課堂上搜索吳新生的身體及書包，但未搜獲任何違禁藥物，吳新生深覺自尊受損，憤而提告。

法律分析

（一）人民身體之自由應予保障，除現行犯之逮捕由法律另定外，非經司法或警察機關依法定程序，不得逮捕拘禁。非由法院依法定程序，不得審問處罰。非依法定程序之逮捕、拘禁、審問、處罰，得拒絕之（憲法第8條第1項規定參照）。在學校生活中所涉及的人身自由問題，例如老師對學生罰站、搜身、搜書包等，都是與人身自由有關，不可不慎。而依憲法第23條之規定，若為防止妨礙他人自由、避免緊急危難、維持社會秩序或增進公共利益所必要者，對於人身自由係得以法律限制之。

（二）又我國刑事訴訟法關於對被告或犯罪嫌疑人的搜索，須於必要時，始得搜索之（刑事訴訟法第122條第1項參照）。所謂「必要」，指若不予搜索即無可達成扣押目的之意，

以有「合理之依據」為前提。同理，在校園中，亦必須有相當理由及證據顯示特定學生涉嫌藏有危害校園安全或違反常規的物品時，教師才可搜查學生身體及物品。故如果學校宣布會定期或不定期檢查某班或某些同學的書包，因無任何合理的事證懷疑被檢查書包的學生攜帶違規物品，學校這樣的措施，顯與憲法及刑事訴訟法保障人身自由的本旨不合，應屬無效。

（三）而依教師法第16條第6款規定：「教師之教學及對學生之輔導依法令及學校章則享有專業自主」，亦即教師對於學生在校園中所享有的自由，可以在其教學活動或生活輔導的必要上予以適當地限制。且教育部為協助學校依教師法第17條規定，訂定教師輔導與管教學生辦法（該辦法已於92年10月16日廢止），並落實教育基本法規定，積極維護學生之學習權、受教育權、身體自主權及人格發展權，且維護校園安全與教學秩序，特訂定「學校訂定教師輔導與管教學生辦法注意事項」。其中第28點係有關搜查學生身體及私人物品之限制規定：「為維護學生之身體自主權與人格發展權，除法律有明文規定，或有相當理由及證據顯示特定學生涉嫌犯罪或攜帶第30點第1項及第2項各款所列之違禁物品，或為了避免緊急危害者外，教師及學校不得搜查學生身體及其私人物品（如書包、手提包等）」。第29點係有關校園安全檢查之限制規定：「為維護校園安全，學校得訂定規則，由學務處（訓導處）進行安全檢查：（一）各級學校得依學生住宿管理規則，進行學生宿舍之定期或不定期檢查；大專校院進行檢查時，應有學生自治

幹部陪同；高級中等以下學校進行檢查時，則應有學校家長會代表或第三人陪同。（二）高級中等以下學校之學務處（訓導處）對特定學生涉嫌犯罪或攜帶第30點第1項及第2項各款所列違禁物品，有合理懷疑，而有進行安全檢查之必要時，得在第三人陪同下，在校園內檢查學生私人物品（如書包、手提包等）或專屬學生私人管領之空間（如抽屜或上鎖之置物櫃等）」。是有關搜查學生之身體及其私人物品，即須依上述規定辦理，始屬適法。

（四）若未依上述注意事項規定而搜查學生身體，可能涉及的刑事責任為：刑法第307條違法搜索罪，即「不依法令搜索他人身體、住宅、建築物、舟、車或航空機者，處2年以下有期徒刑、拘役或3百元以下罰金。」本條犯罪之主體，是否限於有搜索權人？在學者間大都主張不應限於有搜索權人，即一般人民犯之者，亦可成立本罪，其見解係因為本條並非規定於公務員犯罪的瀆職罪章，而係規定於妨害自由罪章，且就文義解釋，亦難謂限於有搜索權人始會成立本罪（參見林東茂，刑法綜覽，一品文化出版社出版，民國96年9月修訂5版，第2-59頁；褚劍鴻，刑法分則釋論下冊，臺灣商務印書館發行，民國77年5月4版，第1019頁），但我國最高法院32年非字第265號判例則主張以有搜索權人，違法搜索為成立要件，嗣該判例業經最高法院民國105年9月13日105年度第15次刑事庭會議決議本則判例不合時宜，不再援用。故我國實務見解，亦認定沒有搜索權人之違法搜索，也會成立刑法第307條之違法搜索罪；又老師不依法令搜查學生書包，因刑法第307條搜索的客體僅

有身體、住宅、建築物、舟、車、航空機，不包括其他物件，自不成立該條之罪，但若教師係以強暴脅迫之手段搜查，有可能成立刑法第304條之強制罪（即「以強暴、脅迫使人行無義務之事或妨害人行使權利者，處3年以下有期徒刑、拘役或3百元以下罰金（第1項）。前項之未遂犯罰之（第2項）」。）

結語

　　為維護學校內部的秩序，防範擾亂校園秩序的行為，學校訂定一定規範標準，以資遵循，是有其必要的，但以不得逾越法律所定的範圍為前提。而教育部亦頒訂「學校訂定教師輔導與管教學生辦法注意事項」，對於搜查學生身體及私人物品及校園安全檢查均訂有一定之限制，學校或教師即須依該注意事項辦理，若未依此法令對學生實施搜查、檢查，不僅不遵守法令，也會侵害學生的人身自由，而有觸犯刑法第307條違法搜索或刑法第304條強制罪之虞。在本案中，高中老師鄭三吉僅因學生吳新生上課常精神委靡或行為怪異，即懷疑吳新生持有毒品，即突然於課堂上搜索吳新生的身體及書包，因吳新生上課經常精神委靡或行為怪異，可能原因甚多，並不明確，當不得遽此即認有相當理由及證據顯示吳新生持有違禁物品，鄭三吉高中老師亦非為避免緊急危害而實施檢查，故高中老師鄭三吉有觸犯違法搜索及強制罪之虞。

教育孩子的話

從小培養孩子以積極樂觀的心態來面對周圍環境的一切，孩子的生活就會充滿陽光、喜樂，當他遇到困難挫折時，就比較不會畏縮、害怕和自卑。而孩子能不能以積極正向的態度來面對問題，也會影響他一生會不會幸福、快樂，所以父母要特別注重孩子積極樂觀面的養成。

人生加油話

我們每天都會依自己說話之方式而被評論著，在語言的運用中，就會不經意的流露出我們的品格、學識。千萬不要讓自己的口舌言語，成為自己最大的敵人，所以務必要慎言，而且要找出適合自己的表達方式，並好好善用它。

法律笑話

　　一個有精神疾病的目擊證人為某殺人案作證，律師問：「你有什麼精神疾病？」證人答：「就是會亂講話，忘東忘西。」律師問：「所以說，你這種精神疾病會影響你的記憶力？」證人答：「是的。」律師問：「這種病會如何影響你的記憶力？」證人答：「我實在想不起來了。」律師問：「那麼，這半年來你到底忘了些什麼呢？能不能舉些例子？」證人答：……（證人想說我要是記得這半年來我忘了什麼的例子，我就不是忘了吧？）

通、相姦行為追訴處罰篇

案例說明

張大宇與李芙蓉均為某私立高中老師，分別均已結婚，且同時進修某大學碩士班課程。張大宇常溫馨接送李芙蓉同往該研究所進修，因日久生情，產生情愫，兩人竟趁同車進修之機會，多次至汽車旅館發生姦淫行為，嗣李芙蓉發覺懷孕，並產下一子，且因長相酷似張大宇，終為李芙蓉之夫察覺有異，進而發現兩人姦情而提告，張大宇之妻亦因而知悉提告。

法律分析

（一）我國刑法第239條之通姦罪，在保護婚姻的純潔性。蓋婚姻與家庭為社會形成與發展之基礎，受憲法制度性保障。婚姻制度植基於人格自由，具有維護人倫秩序、男女平等、養育子女等社會性功能，國家為確保婚姻制度之存續與圓滿，自得制定相關規範，約束夫妻雙方互負忠誠義務。性行為自由與個人之人格有不可分離之關係，固得自主決定是否及與何人發生性行為，惟依憲法第22條規定，於不妨害社會秩序公共利益之前提下，始受保障。是性行為之自由，自應受婚姻與家庭制度之制約。婚姻關係存續中，配偶之一方與第三人間之性行為應為如何之限制，以及違反

此項限制，應否以罪刑相加，各國國情不同，應由立法機關衡酌定之。刑法第239條對於通姦者、相姦者處1年以下有期徒刑之規定，固對人民之性行為自由有所限制，惟此為維護婚姻、家庭制度及社會生活秩序所必要。為免此項限制過嚴，同法第245條第1項規定通姦罪為告訴乃論，以及同條第2項經配偶縱容或宥恕者，不得告訴，對於通姦罪附加訴追條件，此乃立法者就婚姻、家庭制度之維護與性行為自由間所為價值判斷，並未逾越立法形成自由之空間，與憲法第23條比例原則之規定尚無違背（司法院大法官會議釋字第554號解釋文參照）。

（二）刑法第239條規定：「有配偶而與人通姦者，處1年以下有期徒刑，其相姦者，亦同。」通姦乃婚姻關係外之性行為，只須有與人姦淫之行為即為成立，而相姦，則於姦淫時須知道對方為有配偶之人，方能成立。若通姦者與相姦者均為有配偶之人，固均成立刑法第239條之通姦、相姦罪，但依我國學者及實務見解，認此通姦、相姦罪構成法規競合或想像競合關係，僅應論以情節較重之通姦罪（參見林東茂，刑法綜覽，一品文化出版社出版，民國96年9月修訂5版，第2-300頁；褚劍鴻，刑法分則釋論下冊，臺灣商務印書館發行，民國77年5月4版，第698頁；臺灣高等法院暨所屬法院71年度法律座談會刑事類第2號研討結論）。

（三）刑法第245條規定：「第238條、第239條之罪及第240條第2項之罪，須告訴乃論（第1項）。第239條之罪，配偶縱容或宥恕者，不得告訴（第2項）。」所謂「不得告訴」係指告訴權喪失，不得因事後反悔而回復。所謂「縱容」，

指放縱或容許，是「事前」所為之表示，「宥恕」，則指宥諒及寬恕，是「事後」所為之表示。「縱容」或「宥恕」，非僅須內心有「縱容」或「宥恕」之真意，且須於外部有「縱容」或「宥恕」之明示或默示之表示行為，方足當之，不得以被害之配偶暫時緘默隱而未發，未向偵查機關申告犯罪事實，表示追訴之意思，即指為「縱容」或「宥恕」。又「縱容」或「宥恕」，以知悉有通姦相姦之事實，並出於自由之意思表示為要件，例如係因自己命令配偶從事賣淫、或因自己性無能、或因擔心配偶離開等原因而容許、原諒即屬之。而如果不知有通姦、相姦之情事，僅出於玩笑或戲謔之詞，或因畏於權勢不敢不從，則不得稱之為「縱容」或「宥恕」。又雖曾縱容及宥恕，但如果已表示反對或禁止之意後，仍發生新的通姦事實，被害的配偶仍可提出告訴。

（四）刑事訴訟法第239條規定：「告訴乃論之罪，對於共犯之一人告訴或撤回告訴者，其效力及於其他共犯。但刑法第239條之罪，對於配偶撤回告訴者，其效力不及於相姦人。」此是告訴不可分原則之例外，因為告訴人常本於夫妻之情份，對於配偶有所寬恕，但對於相姦者則不然，所以如果僅僅撤回對配偶之告訴就及於必要共犯之相姦者，實有違反於人情，故設有上開規定。而此僅為撤回告訴之例外規定，如果是提出告訴，仍有告訴不可分原則之適用，故雖然僅對相姦者提出告訴，其效力亦及於配偶，僅得於事後撤回對配偶之告訴時，效力不及於相姦者而已。而如果僅是對相姦者撤回告訴，其效力則是及於配偶者，自不待言

（最高法院27年非字第20號判例要旨參照）。又刑法第245條第2項之縱容與宥恕，其不得告訴之範圍相同，如有告訴權人對於共犯中一人宥恕，按照告訴不可分之原則，對於其他共犯。自亦不得告訴（司法院院字第2261號解釋參照）。

※司法院已於民國109年5月29日作出釋字第791號解釋，宣告刑法第239條通相姦規定違憲、失效，故本案例法律分析已不適用，附此敘明。

結語

　　夫妻互負忠誠義務，為保護婚姻之純潔性，我國設有通姦罪以規範之，雖然一直都有人主張通姦應予除罪化或有違憲之虞，但依目前多數民眾意見，仍反對通姦應予除罪，且大法官會議之上開解釋，亦認通姦罪並無違背憲法規定。而由於通姦罪係告訴乃論之罪，除須注意6個月之告訴期間（刑事訴訟法第237條第1項規定參照）外，尚須注意有無經配偶縱容或宥恕之情形。在本案中，張大宇老師與李芙蓉老師均各係有婚姻關係之人，因同車進修之機會，彼此產生情愫，進而違背婚姻忠誠義務而為婚姻外之性行為，其等配偶既然均已提出告訴，故其等均係構成刑法第239條之通姦、相姦罪，但依我國學者及實務見解，認此情形僅論以情節較重之通姦罪。而如果張大宇之妻或李芙蓉之夫事後僅撤回對其配偶之告訴，其效力並不及於相姦人，但如果僅係撤回對相姦人之告訴，其效力則是仍及於配偶者，不可不注意也。

教育孩子的話

要多多鼓勵孩子體驗嘗試各種事物，要捨得讓孩子工作、勞動，孩子才會變得更健康、強壯。也要常常引領孩子去思考、想像，孩子才會更理智、成熟。而當我們鼓勵孩子去幫助別人時，孩子就會更快樂，等於也是間接在幫助我們的孩子。

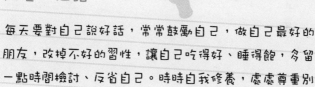

人生加油話

每天要對自己說好話，常常鼓勵自己，做自己最好的朋友，改掉不好的習性，讓自己吃得好、睡得飽，多留一點時間檢討、反省自己。時時自我修養，處處尊重別人，人生自是晴空萬里。

法律笑話

　　律師在法庭時詰問法醫：「法醫，你何時為被害人驗屍？」法醫答：「大約在早上10點半左右。」律師問：「那被害人大概在何時死的？」法醫答：「大概在早上6、7點左右死的。」律師再問：「那你當時驗屍時，被害人確實已經死了嗎？」法醫答：「我不是已經說了嗎，被害人大概是在早上6、7點死的，如果被害人還沒死，我要怎麼在早上10時半驗屍咧？」

案例 9

符咒詛咒他人篇

案例說明

林國華、唐明正老師均為某高中老師，平日關係不睦，曾有口角爭執。某日，雙方又在校內會議中針鋒相對，林國華認其自尊受損，心有不甘。於某日下班後，趁四下無人之際，手戴手套將裝有數張符咒（書寫：鬼令速拿唐明正、鬼令冤魂對唐明正纏身、喪入魄散等文字）之信封，置於唐明正辦公桌上。翌日，唐明正上班後發現上開符咒，心生畏懼，乃報警循線查獲為林國華所為。

法律分析

（一）符咒，傳說是因黃帝當時與蚩尤打仗，因勝負不明，黃帝晚上夢見天神九天玄女，獲祂傳授神仙符籙法訣，黃帝即憑此法訣來運籌調兵遣將，終於打敗蚩尤，之後，符咒就流傳至民間盛行。而符咒常被合稱為一個名詞，據說其實「符」是天地與宇宙之間的一種符號代號；「咒」是與靈界溝通的一種音波。傳說符與咒合用，更可增加靈驗度，在民間俗稱為「符仔」。雖然現今科學已相當進步，但對於許多自然界現象，仍無法用科學方法解釋，且相信鬼神者所在多有，雖然科學目前無法驗證符咒是否能發揮作

用，但一般人看到符咒，仍可能會起敬畏恐懼之心，這也
是符咒在民間一直能夠盛行的原因之一。

（二）在探討以符咒書寫不利他人的文字送給他人，是否會構成
犯罪之前，有先說明法律上所謂「不能犯」之必要。所謂
「不能犯」，乃指行為在本質上即不能達到既遂狀態之未
遂犯，係由於事實上或法律上之原因，犯意之實行竟與行
為人所認識者大有出入，而不能完全實現客觀之不法構成
要件（參見林山田，刑法通論，三民書局經銷，民國74年
3月再版2刷，第199頁）。在實務見解，則認為所謂「不
能犯」，係指已著手於犯罪之實行，而不能發生犯罪之結
果，且無危險者而言。亦即犯罪之不完成，係由於行為之
性質上無結果實現之可能性，不能發生法益侵害或未有受
侵害之危險，始足當之（最高法院95年度台上字第6281號
判決要旨參照）。我國刑法第26條規定：「行為不能發生
犯罪之結果，又無危險者，不罰。」此即學說上所謂之
「不能犯」。至於有無危險，則應依客觀具體事實認定
之，故已著手於犯罪行為之實行而不遂者，若其行為在客
觀事實上並無具體危險，致根本不能完成犯罪者，即應不
罰。例如：欲以砒霜殺人，而誤取砂糖為之；或尚未懷胎
之婦女服藥「墮胎」；或以殺人之意思，按扣板機，但子
彈並未上膛（最高法院83年度台上字第1671號判決要旨參
照）等等，均係「不能犯」。

（三）另與本案有關者，為法律上所謂的「迷信犯」，即係以迷
信或超自然之方法實施犯罪者。迷信犯事實上毫無危險可
言，此僅由來於行為人無知或怯懦之性格，使其不敢採取
自然的方法，以實施其犯罪，且即使行為人本人亦未必完

全相信其必發生犯罪之結果，更可證明迷信犯之欠缺故意（參見蔡墩銘，刑法總則爭議問題研究，五南圖書出版公司發行，民國77年3月初版，第231頁至第233頁）。例如：迷信砂糖可以殺人而以之給人服食，或以詛咒殺人，或迷信巫術可以傷人等等，均係「迷信犯」。而由於迷信犯係以迷信或人類所不能支配之方法實行其犯意，欠缺故意之先決條件，而不構成故意犯罪，並非屬於不能犯。我國刑事實務上，亦認為「迷信犯」不包括在不能未遂犯之內（最高法院24年7月24年度總會決議參照，惟本則決議於民國95年8月22日經最高法院95年度第16次刑事庭會議決議，法律已修正，本則決議不再供參考）。

（四）在本案中，林國華老師以符咒書寫「鬼令速拿唐明正、鬼令冤魂對唐明正纏身、喪入魄散」等文字後送給唐明正老師，事實上，林國華老師即係欲以超自然鬼魅之方法殺害唐明正老師，但因其行為在客觀上不能發生犯罪之結果，亦無危險，故林國華老師所為，似屬迷信犯及不能犯。但有謂依我國刑法第305條規定：「以加害生命、身體、自由、名譽、財產之事，恐嚇他人致生危害於安全者，處2年以下有期徒刑、拘役或3百元以下罰金。」，所謂恐嚇，指以不法惡害之意旨，通知他人，使人產生恐怖之心理狀態，其恐嚇之方法以言詞、文字、舉動為之，均無不可。目前雖然沒有科學證明符咒能發揮作用，但林國華老師主觀上有不利於唐明正老師之故意，其客觀上所為，亦確實讓唐明正老師感覺到害怕，自應構成恐嚇之罪嫌等語，但有學者認為：恐嚇罪之加害行為之內容，須為行為人所能支配實施者，如以神鬼災禍相恐嚇，則不能成立本罪（參

見褚劍鴻，刑法分則釋論下冊，臺灣商務印書館發行，民國77年5月4版，第1009頁）。在刑事實務上，亦有認為：對於生命、身體、自由、名譽、財產之加害事實，且須行為人以人力而直接或間接得加支配掌握者，如屬鬼怪神力、福禍吉凶之卜算詛咒等內容，則不符恐嚇罪之要件（臺灣高等法院90年度上易字第1494號判決、臺灣板橋地方法院92年度易字第772號判決要旨參照）。

結語

我國民間為了趨吉避兇、消災解厄等等，借助符咒的法力來祈求者，已相傳盛行許久，雖此無法以科學驗證其效用，但在一般民眾心理仍起敬畏恐懼之心。我國刑法對於行為不能發生犯罪之結果，又無危險者，認為係不能犯，不罰；而學說上另有所謂迷信犯，即以迷信或超自然的方法實施犯罪者，亦屬不罰。在本案中，林國華老師以符咒書寫「鬼令速拿唐明正、鬼令冤魂對唐明正纏身、喪入魄散」等文字後送給唐明正老師，係欲以超自然鬼魅之方法殺害唐明正，其行為在客觀上並不能發生犯罪之結果，亦無危險，似屬迷信犯及不能犯。但有認為林國華老師主觀上有不利於唐明正老師之故意，其客觀上所為，亦確實讓唐明正老師感到害怕，當應構成恐嚇罪，但依上開學者及實務見解，則認為林國華老師所為，並非其得以人力直接或間接加以支配掌握，並不符合恐嚇罪之構成要件。

教育孩子的話

失敗僅僅是暫時沒有成功而已，並不重要，每一次的失敗，
都會使孩子更加成熟、努力，也會使孩子更加接近成功。而
從失敗中得來的智慧，遠比要從成功處得來的要多。所以，
父母要容許孩子的失敗，要給孩子失敗的機會、權利，藉由
失敗讓孩子學習更加堅強，並引領他往成功前進。

人不論如何，一定要堅守道德價值，不管別人是如何，一定要做一個有品格、道德良心的人，這樣才能無愧於心，否則，一旦沒有人品，不論做什麼事，都是壞事。

法律笑話

　　律師問證人：「你認識王淑芬這個人嗎？」證人答：「認識，她是我的女兒。」律師再問：「那妳們是什麼關係？」證人答：……（難道我要再說，我是她的媽媽，我是她爸爸的太太，我是她同父同母的哥哥的媽媽，她是我懷胎10個月所生，她是我的心肝寶貝嗎？）。

醉酒駕車肇事逃逸篇

案例說明

杜德仁為某高中數學老師，某日參加友人喜宴，因不知節制，喝了不少酒，卻仍執意駕車返家。其於酒醉後駕駛自小客車，撞及路人陳秋燕，杜德仁因害怕，竟駕車逃逸，但不久即為警方循線查獲，嗣陳秋燕經送醫急救後，仍不治死亡。

法律分析

（一）酒醉駕車肇事的事件，幾乎每日都有發生，尤其是遇到連續假期的深夜，發生車毀人亡的重大車禍，常與飲酒有關。我國刑法分則的公共危險罪章中乃增訂第185條之3的法條，總統於88年4月21日公布施行之條文為：「服用毒品、麻醉藥品、酒類或其他相類之物，不能安全駕駛動力交通工具而駕駛者，處1年以下有期徒刑、拘役或3萬元以下罰金。」其立法理由係為維護交通安全，增設服用酒類或其他相類之物過量致意識模糊駕駛交通工具之處罰規定，以防止交通事故之發生。至於在哪些情形下，才能稱得上符合這法條所定「不能安全駕駛動力交通工具」的要件？法務部曾經在這新訂法條施行開始的88年5月10日，召集包括醫學方面的專家與相關單位開會研商，在酒醉駕車

方面得到的結論是：參考德國、美國的認定標準，對於酒精濃度呼氣已達每公升0.55毫克，或者血液濃度達0.11％以上，肇事率為一般正常人的10倍。認為已經達到「不能安全駕駛」的標準。至於在這些數值以下的行為人，如果輔以其他客觀事實得作為「不能安全駕駛」的判斷時，亦應該依刑法第185條之3移送法辦處以刑罰。後來內政部警政署就根據這個結論，訂定一種「刑法第185條之3案件測試觀察紀錄表」由員警依表內所訂項目，像夜間行車燈光有沒有異常，有沒有異常操控，能不能直線行走，與平衡動作等等予以填載，作為法院判斷的依據。

(二) 刑法第185條之3嗣分別於97年1月2日、100年11月30日、102年6月11日經3次修正。其中在100年11月30日第2次修正的條文為：「服用毒品、麻醉藥品、酒類或其他相類之物，不能安全駕駛動力交通工具而駕駛者，處2年以下有期徒刑、拘役或科或併科20萬元以下罰金（第1項）。因而致人於死者，處1年以上7年以下有期徒刑；致重傷者，處6月以上5年以下有期徒刑（第2項）。」其修正理由為：

1、按原刑法第185條之3規定酒駕行為之處罰為1年以下有期徒刑、拘役或科或併科20萬元下罰金。若因而致人死傷，則另依過失殺人（註：應係過失致人於死）或傷害罪處罰，惟其法定刑度分別僅1年以下或2年以下有期徒刑，顯係過輕，難收遏阻之效，爰先將刑法第185條之3第1項規定有期徒刑1年以下之法定刑度提高為2年以下有期徒刑。

2、增訂第2項。查有關公共危險罪章之相關規定，除有處罰行為外，若有因而致人於死或致人於傷，均訂有相關加重處罰之規定，次查道路交通管理處罰條例第35條有關酒

醉駕車之處罰規定，除對行為人課以罰鍰外，若因而肇事致人受傷或死亡，亦另訂有較重之處分規定。爰參考刑法公共危險罪章相關規定及道路交通管理處罰條例，對於酒駕行為之處罰方式，增訂因酒駕行為而致人於死或重傷，分別處以較高刑責之規定。又酒駕肇事行為，屬當事人得事前預防，故雖屬過失，但仍不得藉此規避刑事處罰，考量罪刑衡平原則，爰參酌刑法第276條第2項業務過失致死罪，以及同法第277條普通傷害罪之處罰法定刑度，增訂因酒駕行為而致人於死者，處1年以上7年以下有期徒刑。致重傷者，處6月以上5年以下有期徒刑。以期有效遏阻酒駕行為，維護民眾生命、身體及財產安全。3、酒後駕車足以造成注意能力減低，提高重大違反交通規則之可能。行為人對此危險性應有認識，卻輕忽危險駕駛可能造成死傷結果，而仍為危險駕駛行為，嚴重危及他人生命、身體法益。原依數罪併罰處理之結果，似不足以彰顯酒駕肇事致人於死或重傷之惡性。外國立法例不乏對酒駕肇事致人於死傷行為獨立規範構成要件之情形，如日本、香港、科索沃等。故增訂第2項加重結果犯之刑罰有其必要性。

（三）刑法第185條之3再於102年6月11日經第3次修正成現行條文為：「駕駛動力交通工具而有下列情形之一者，處2年以下有期徒刑，得併科20萬元以下罰金：一、吐氣所含酒精濃度達每公升0.25毫克或血液中酒精濃度達百分0.05以上。二、有前款以外之其他情事足認服用酒類或其他相類之物，致不能安全駕駛。三、服用毒品、麻醉藥品或其他相類之物，致不能安全駕駛（第1項）。因而致人於死者，處3年以上10年以下有期徒刑；致重傷者，處1年以上7年

以下有期徒刑（第2項）。」亦即1、明定服用酒類不能安全駕駛之標準：明定行為人吐氣所含酒精濃度達每公升0.25或血液中酒精濃度達百分之0.05以上而駕車，即構成犯罪，以避免法院判決歧異而使部分民眾有心存僥倖之不當觀念。若行為人未接受酒精濃度測試或測試後酒精濃度未達前揭標準，惟有其他客觀情事認為確實不能安全駕駛動力交通工具時，仍構成本罪。2、提高不能安全駕駛罪法定刑下限：刑法第185條之3第1項處罰刑度由「2年以下有期徒刑、拘役或科或併科20萬元以下罰金」修正為「2年以下有期徒刑，得併科20萬元以下罰金」，刪除拘役及單科罰金之刑罰種類，修法後是類行為至少應判處2月有期徒刑。3、提高加重結果犯法定刑：修法前酒駕致死、酒駕致重傷之處罰刑度分別為「1年以上7年以下有期徒刑」、「6月以上5年以下有期徒刑」，修正以後分別提高為「3年以上10年以下有期徒刑」、「1年以上7年以下有期徒刑」。故依上述刑法第185條之3增訂、修正之過程以觀，足見我國對於如何有效遏阻酒駕行為，非常重視。

（四）而刑法185條之4之規定，係於88年4月21日增訂，原規定為：「駕駛動力交通工具肇事，致人死傷而逃逸者，處6月以上5年以下有期徒刑。」其立法理由，係為維護交通安全，加強救護，減少被害人之死傷，促使駕駛人於肇事後，能對被害人即時救護，乃增設本條，關於肇事致人死傷而逃逸之處罰規定，且本條之刑度參考刑法第294條第1項遺棄罪之規定。嗣該條亦於102年6月11日修正為：「駕駛動力交通雪具肇事，致人死傷而逃逸者，處1年以上7年以下有期徒刑。」亦即將肇事逃逸致人死傷之處罰刑度由

「6月以上5年以下有期徒刑」提高為「1年以上7年以下有期徒刑」。本次修正係鑑於酒後駕車案件居高不下，而行為人輕忽危險駕駛可能造成之死傷結果而仍為危險駕駛，嚴重侵害他人生命、身體法益，故全面檢討酒後駕車刑事責任，並參酌外國立法例及考量刑法各罪刑罰衡平而為修正，以期遏止此類犯罪，維護交通安全，並保障用路人之生命及身體安全。此外，提高肇事逃逸之處罰刑度，俾促使駕駛人於肇事後能對被害人即時救護，以減少死傷之不幸事件。

結語

　　酒醉駕車，明顯害人害己，製造社會負擔，已是全民唾棄的行為。但仍有少數貪欲杯中物的人，不顧安危，以身試法，誠屬不當，應予以嚴厲譴責。在本案中，杜德仁高中老師，於酒醉後仍駕車，不慎撞及行人陳秋燕，即駕車逃逸，並致陳秋燕日後死亡。杜德仁之所為，構成刑法第185條之3第2項前段之不能安全駕駛動力交通工具而駕駛，因而致人於死罪及刑法第185條之4之肇事逃逸罪，且此兩罪之構成要件不同，行為亦屬可分，自應分論併罰。

教育孩子的話

孩子的個性、人格，都是生活中的經歷一點一滴慢慢累積而成，因此父母必須隨時糾正一些錯誤的價值觀，並引導孩子向上。父母如果能像陽光一樣點亮自己的孩子，孩子自然會有光明的人生。相信在父母不斷陪伴、教導過程中，就能夠培育孩子成熟穩重的個性、人格。

人生加油話

生命簡單、想法單純最為快樂，凡事都應有所分寸、節制，留有轉圜餘地，愈能有空間得以伸縮自如。而人之慾望若無止盡、節制，許多是非恩怨就會來臨。真正有品質的生活，是要能安分守己、固守正道，以及擁有豐富的精神層面與文化。

法律笑話

　　某不相熟識之一男一女分租同一層公寓的不同房間，但共用一套衛浴設備。嗣該女生指控該男生涉嫌性騷擾，檢察官問被告：「你有無對告訴人性騷擾？」被告：「沒有。」檢察官再問：「那為什麼告訴人指控你曾對她說，妳的下面、後面有沒有人洗？」被告無奈的回答：「我是因為打籃球回來後，要去浴室洗澡，但告訴人已經在浴室裡洗澡了，我只是問她：『妳的下面有沒有人洗？』她就生氣的回答說她自己會洗。我發覺她誤會我的意思，我就趕緊再說：『妳的後面有沒有人洗？』而已。」（這位男生因為說話沒有清楚明確的說，難怪會被認為是性騷擾。）

案例 11

販售學生個人資料篇

案例說明

某高中男老師陳豐富因簽賭職棒，積欠不少債務，因需款孔急，遂將其私下所蒐集的100餘筆學生個人資料，含姓名、出生年月日、國民身分證統一編號等，出售予某升大學之文理補習班，嗣經警循線查獲。

法律分析

（一）我國為規範個人資料之蒐集、處理及利用，以避免人格權受侵害，並促進個人資料之合理利用，特別制定個人資料保護法。依該法第56條第1項規定：「本法施行日期，由行政院定之。」嗣行政院於101年9月21日以院臺法字第1010056845號令：「中華民國99年5月26日修正公布之『個人資料保護法』（簡稱個資法），除第6條、第54條外，其餘條文定自101年10月1日施行。」故除該法第6條、第54條外，該法其餘條文已自101年10月1日施行，合先敘明。

（二）依個人資料保護法第2條之規定：「本法用詞，定義如下：一、個人資料：指自然人之姓名、出生年月日、國民身分證統一編號、護照號碼、特徵、指紋、婚姻、家庭、教育、職業、病歷、醫療、基因、性生活、健康檢查、犯罪

前科、聯絡方式、財務情況、社會活動及其他得以直接或間接方式識別該個人之資料。二、個人資料檔案：指依系統建立而得以自動化機器或其他非自動化方式檢索、整理之個人資料之集合。三、蒐集：指以任何方式取得個人資料。四、處理：指為建立或利用個人資料檔案所為資料之記錄、輸入、儲存、編輯、更正、複製、檢索、刪除、輸出、連結或內部傳送。五、利用：指將蒐集之個人資料為處理以外之使用。六、國際傳輸：指將個人資料作跨國（境）之處理或利用。七、公務機關：指依法行使公權力之中央或地方機關或行政法人。八、非公務機關：指前款以外之自然人、法人或其他團體。九、當事人：指個人資料之本人。」故陳豐富老師將其私下所蒐集而來的學生個人資料出售交付予補習班之行為，業已符合個人資料保護法所定義之非公務機關對於個人資料之蒐集及利用之行為。

（三）而依個人資料保護法第19條第1項規定：「非公務機關對個人資料之蒐集或處理，除第6條第1項所規定資料外，應有特定目的，並符合下列情形之一者：一、法律明文規定。二、與當事人有契約或類似契約之關係。三、當事人自行公開或其他已合法公開之個人資料。四、學術研究機構基於公共利益為統計或學術研究而有必要，且資料經過提供者處理後或蒐集者依其揭露方式無從識別特定之當事人。五、經當事人書面同意。六、與公共利益有關。七、個人資料取自於一般可得之來源。但當事人對該資料之禁止處理或利用，顯有更值得保護之重大利益者，不在此限。」同法第20條第1項規定：「非公務機關對個人資料之利用，

除第6條第1項所規定資料外，應於蒐集之特定目的必要範圍內為之。但有下列情形之一者，得為特定目的外之利用：一、法律明文規定。二、為增進公共利益。三、為免除當事人之生命、身體、自由或財產上之危險。四、為防止他人權益之重大危害。五、公務機關或學術研究機構基於公共利益為統計或學術研究而有必要，且資料經過提供者處理後或蒐集者依其揭露方式無從識別特定之當事人。六、經當事人書面同意。」陳豐富老師既係私下蒐集學生的個人資料，並將之出售予補習班，顯不符合個人資料保護法第19條、第20條所指上開特定目的而為。

（四）個人資料保護法第29條規定：「非公務機關違反本法規定，致個人資料遭不法蒐集、處理、利用或其他侵害當事人權利者，負損害賠償責任。但能證明其無故意或過失者，不在此限（第1項）。依前項規定請求賠償者，適用前條第2項至第6項規定（第2項）。」同法第41條規定：「違反第6條第1項、第15條、第16條、第19條、第20條第1項規定，或中央目的事業主管機關依第21條限制國際傳輸之命令或處分，足生損害於他人者，處2年以下有期徒刑、拘役或科或併科新臺幣20萬元以下罰金（第1項）。意圖營利犯前項之罪者，處5年以下有期徒刑，得併科新臺幣1百萬元以下罰金（第2項）。」同法第47條規定：「非公務機關有下列情事之一者，由中央目的事業主管機關或直轄市、縣（市）政府處新臺幣5萬元以上50萬元以下罰鍰，並令限期改正，屆期未改正者，按次處罰之：一、違反第6條第1項規定。二、違反第19條規定。三、違反第20條第1項規定。四、違反中央目的事業主管機關依第21條規定限制國際傳

輸之命令或處分。」陳豐富老師將其私下所蒐集之學生個人資料出售交付予補習班之行為，業已違反個人資料保護法第19條第1項、第20條第1項之規定，自應依上開規定負有民事損害賠償、行政罰鍰及刑事責任甚明。

結語

學校蒐集學生個人資料的目的，應該都是為了學生資料的管理，所以只要合於學生資料管理目的範圍內必要的蒐集、利用行為，應該都是個人資料保護法上合法的利用行為。本案陳豐富老師既係私下蒐集學生的個人資料，並伺機販售予補習班，顯不符合學生管理的特定目的。核其所為，依個人資料保護法第29條、第41條、第47條等規定，應負民事損害賠償、行政罰鍰及刑事責任（即5年以下有期徒刑，得併科新臺幣1百萬元以下罰金）。

教育孩子的話

每個孩子都有其獨特的一面，且具有某種天賦、才能，為人父母者，應多多用心發覺、觀察，儘早找出孩子與眾不同的特質，尋求有效啟發孩子學習的熱情及好奇心，並做孩子永遠的支持者。

人生加油話

經常給自己鼓勵、肯定、歡喜、希望的話語，提醒自己是很棒的、優秀的，實實在在的做人，腳踏實地的做事，看到有人需要幫忙時，趕快伸出援手，並以同理心來對待周遭的人、事、物。

法律笑話

　　某男子因妻子長久不願意與其行房，乃對妻子提起離婚訴訟，妻子委任的律師問該男子：「你的性生活不美滿嗎？」該男子答：「就是不美滿。」律師再問：「那你為什麼還要和你太太離婚？」（該男子心想，我就是與妻子的性生活不美滿，才要提起離婚訴訟。而且，縱然我的性生活很美滿，也可能與我太太無關。）

案例 **12**

故意傳染愛滋病篇

案例說明

某國小特教男老師王文傑，明知自己罹患愛滋病，仍經由同志網站媒介，認識許多男網友。王文傑老師刻意隱瞞染病之事實，在未戴保險套之情形下，與男網友陳志友發生性行為，導致陳志友亦感染愛滋病。

法律分析

（一）我國為防止人類免疫缺乏病毒之感染、傳染及維護國民健康，並保障感染者權益，特制定人類免疫缺乏病毒傳染防治及感染者權益保障條例。依該條例第3條規定：「本條例所稱人類免疫缺乏病毒感染者（以下簡稱感染者），指受該病毒感染之後天免疫缺乏症候群患者及感染病毒而未發病者」。查愛滋病（AIDS-Acquired Immunodeficiency Syndrome）又稱為「後天免疫缺乏症候群」，這是由愛滋病毒所引發的疾病，此種疾病會破壞人類的免疫系統，促使人體失去抵抗疾病的能力，導致病毒、原蟲、細菌、黴菌等可輕易的侵入人體，而引發各種疾病及發生惡性腫瘤等，最後導致死亡。男老師王文傑罹患愛滋病，即係該條例所指之感染者。

（二）人類免疫缺乏病毒傳染防治及感染者權益保障條例第21條
　　　規定：「明知自己為感染者，隱瞞而與他人進行危險性行
　　　為或有共用針具、稀釋液或容器等之施打行為，致傳染於
　　　人者，處5年以上12年以下有期徒刑（第1項）。明知自己
　　　為感染者，而供血或以器官、組織、體液或細胞提供移植
　　　或他人使用，致傳染於人者，亦同（第2項）。前2項之未
　　　遂犯罰之（第3項）。」王文傑老師明知自己感染愛滋病，
　　　竟刻意隱瞞而與陳志友進行危險性行為，致傳染於陳志
　　　友，業已觸犯人類免疫缺乏病毒傳染防治及感染者權益保
　　　障條例第21條之罪。

結語

　　教育部為執行人類免疫缺乏病毒傳染防治及感染者權益保障
條例規定，尊重及保障感染人類免疫缺乏病毒者之人格與就學、
就醫、就業，及避免其受到其他不公平之待遇，並防治人類免疫
缺乏病毒之感染，維護學校教師、學生及職員之健康，特訂定各
級學校防治人類免疫缺乏病毒傳染及保障感染者權益處理要點。
某國小特教男老師王文傑罹患愛滋病後，仍刻意隱瞞病情，而與
男網友陳志友發生性行為，王文傑老師應需負上開刑事責任甚
明，而該國小亦應依循上開處理要點妥適處理該個案。

教育孩子的話

人生不會永遠沒有挫折、困難，不會永遠那麼圓滿、順遂，需提早教導孩子要有忍受挫折、壓力的能力，學會適應社會生活的技巧，並要自律、自我管理，及自重自己，才能獨立面對人生的難題及挑戰。

人生加油話

我們要常常存有感恩、知足、惜福、善解、包容、柔軟的心，我們可以完全控制自己的情緒、反應，千萬別讓他人愚昧、擺弄我們，我們要做自己的主人，告訴自己是優秀的。

法律笑話

　　有一大陸客旅遊團在臺灣的最後一站是參觀花蓮自強「外役」監獄，有些團員快到了目的地還一直納悶著：臺灣的法律這麼嚴喔，為了婚姻「外遇」的問題，還特別蓋了座監獄來關這類犯人，顯示臺灣人的外遇真的很嚴重（原來這些團員將「外役」監獄聽成「外遇」監獄了。）

後記

一、身在公門好修行，一直是從事公職的我所深信並奉行，今何等有幸，能以草地人之姿，躍然進司法堂奧，得以從事平亭曲直的審判神聖工作，自當感恩惜福、盡心盡力，始能無愧於心。而寫出一本有關自己專業工作上、人生體悟等內容的書籍，是自己中年後給自己的目標，終於在歷經數年後，得以實現，實在是掩不住內心的興奮及無比的喜悅。首先，非常感謝好友林法官洲富的引薦介紹書泉出版社出版，經由與靜芬副總編輯、惠芝責任編輯等人多次接洽及協助下，本書始得以付梓，在此表達由衷感謝。再者，非常謝謝一直持續關照我的大法官蔡清遊先生、立法院教育委員會林佳龍立法委員及臺北市議會教育委員會戴錫欽市議員，在百忙之中，願意撥冗為我撰寫推薦序文，讓本書倍增光彩，令我銘感五內。最後，感謝臺灣高等法院陳宗鎮院長多年來的提攜與關心，使我得以家庭與工作兼顧，而能有較多時間與日漸年邁的爸媽親近生活，以善盡人倫孝道，當然愛妻佩玲長期的體諒及包容，亦窩心感動，併此深表謝忱。

二、本書介紹的上開案件類型的法律構成要件及其效果，係以本書初版時的法律條文為基礎，因社會變遷快速，法律條文時有配合修正之情形，適用參考時，務必再查閱最新條文內容，以免失準。且由於法律乃社會科學之一，並非絕對如此，上開各個案件類型的分析，實係本人本於法之確信所為之個人意見而已，僅供參考。

三、我國為保障少年健全之自我成長，調整其成長環境，並矯治其性格，特制定少年事件處理法。而該法第2條規定：「本法稱少年者，謂12歲以上18歲未滿之人」。又該條第85條之1第1項規定：「7歲以上未滿12歲之人，有觸犯刑罰法律之行為者，由少年法院適用少年保護事件之規定處理之」。是本書所介紹未滿18歲之人有觸犯刑罰法律之行為者，即以少年事件處理法相關規定處理。

四、少年法院（庭）處理事件及審理流程（參司法院法治教育網）

　　按「少年事件處理法」係處理少年事件的主要依據，也是少年法制的基本法律。其內容主要是規範少年之觸法行為和虞犯行為、少年法院的組織，及如何踐行調查、審理程序、執行保護處分等事項。有關少年法院（庭）處理之事件及審理流程，析述如下：

少年法院（庭）處理事件

依「少年事件處理法」第3條、第27條及第85條之1規定，少年法院（庭）管轄之事件，共包括：

（一）兒童保護事件（兒童係指7歲以上未滿12歲之人），指兒童有觸犯刑罰法律之行為者。

（二）少年保護事件（少年係指12歲以上未滿18歲之人）

　　1. 觸法行為：少年有觸犯刑罰法律之行為者。

　　2. 虞犯行為：少年有下列情形之一，依其性格及環境，而有觸犯刑罰法律之虞者

　　　（1）經常與有犯罪習性之人交往者。

　　　（2）經常出入少年不當進入之場所者。

　　　（3）經常逃學或逃家者。

　　　（4）參加不良組織者。

　　　（5）無正當理由經常攜帶刀械者。

　　　（6）吸食或施打煙毒或麻醉藥品以外之迷幻物品者。

　　　（7）有預備犯罪或犯罪未遂而為法所不罰之行為者。

（三）少年刑事案件（少年行為時係14歲以上未滿18歲者）

　　1. 犯最輕本刑為5年以上有期徒刑之罪。

　　2. 事件繫屬後已滿20歲。

　　3. 少年法院依調查之結果，認犯罪情節重大，參酌其品行、性格、經歷等情狀，以受刑事處分為適當者，得以裁定移送於有管轄權之法院檢察署檢察官。

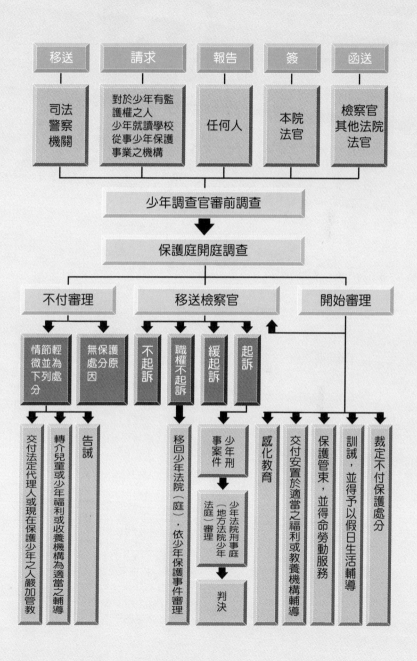

國家圖書館出版品預行編目資料

跟著法官學法律—父母、老師、學生必知的法
律常識／王國棟著.--初版--.--臺北市：書泉
出版社,2013.10
　　面；　公分
ISBN 978-986-121-845-8（平裝）
1.中華民國法律 2.個案研究
582.18　　　　　　　　　　102012515

3T25　小市民法律大作戰系列012

跟著法官學法律
父母、老師、學生必知的法律常識

作　　者 — 王國棟(21.7)

發 行 人 — 楊榮川

總 經 理 — 楊士清

總 編 輯 — 楊秀麗

副總編輯 — 劉靜芬

責任編輯 — 蔡惠芝、游雅淳

美術設計 — P.Design視覺企劃

出 版 者 — 書泉出版社

地　　址：106台北市大安區和平東路二段339號4

電　　話：(02)2705-5066　　傳　　真：(02)2706-610

網　　址：https://www.wunan.com.tw

電子郵件：shuchuan@shuchuan.com.tw

劃撥帳號：01303853

戶　　名：書泉出版社

總 經 銷：貿騰發賣股份有限公司

電　　話：(02)8227-5988　　傳　　真：(02)8227-59

網　　址：www.namode.com

法律顧問　林勝安律師

出版日期　2013年10月初版一刷
　　　　　2023年 5 月初版九刷

定　　價　新臺幣250元

經典永恆・名著常在

五十週年的獻禮——經典名著文庫

五南，五十年了，半個世紀，人生旅程的一大半，走過來了。

思索著，邁向百年的未來歷程，能為知識界、文化學術界作些什麼？

在速食文化的生態下，有什麼值得讓人雋永品味的？

歷代經典・當今名著，經過時間的洗禮，千錘百鍊，流傳至今，光芒耀人；

不僅使我們能領悟前人的智慧，同時也增深加廣我們思考的深度與視野。

我們決心投入巨資，有計畫的系統梳選，成立「經典名著文庫」，

希望收入古今中外思想性的、充滿睿智與獨見的經典、名著。

這是一項理想性的、永續性的巨大出版工程。

不在意讀者的眾寡，只考慮它的學術價值，力求完整展現先哲思想的軌跡；

為知識界開啟一片智慧之窗，營造一座百花綻放的世界文明公園，

任君遨遊、取菁吸蜜、嘉惠學子！